Hoffmann (Hrsg.)
Wie kann Menschsein heute glücken?
Alfons Auers theologisch-ethischer Beitrag
zur Begegnung von Christentum und Moderne

D1725043

Theologisch-Ethische Werkstatt: Kontext Frankfurt,
Herausgeber:
Prof.Dr. Johannes Hoffmann
Fachbereich Katholische Theologie
Johann Wolfgang Goethe-Universität
Frankfurt am Main
Fotos: Barbara Wieland, Frankfurt/M.

Theologisch-Ethische Werkstatt: Kontext Frankfurt

Johannes Hoffmann (Hrsg.)

Band 3

Wie kann Menschsein heute glücken? Alfons Auers theologisch-ethischer Beitrag zur Begegnung von Christentum und Moderne

Verlag für Interkulturelle Kommunikation

Die Deutsche Bibliothek – CIP-Einheitsaufnahme:

Wie kann Menschsein heute glücken? : Alfons Auers
theologisch-ethischer Beitrag zur Begegnung von Christentum
und Moderne / Hoffmann (Hrsg.). – Frankfurt am Main : Verl.
für Interkulturelle Kommunikation, 1993
    (Theologisch-ethische Werkstatt: Kontext Frankfurt ; Bd. 3)
    ISBN 3-88939-192-3
NE: Hoffmann, Johannes [Hrsg.]; GT

© Verlag für Interkulturelle Kommunikation
   Postfach 90 09 65
   D - 60449 Frankfurt

Umschlagentwurf: Volker Loschek, 61352 Bad Homburg
Herstellung: F.M.-Druck, 61184 Karben

Inhalt:

5

Vorwort

Am 21. April 1993 wurde Prof. Dr. Alfons Auer, Tübingen, die akademische Würde eines Dr. phil. h. c. durch den Fachbereich Katholische Theologie der Johann Wolfgang Goethe-Universität zuerkannt.

Nicht nur bei Auers Freunden war die Freude über die Ehrung groß. Zahlreiche Fachkollegen, ja Kolleginnen und Kollegen aus allen Fakultäten, Pfarrer, evangelische und katholische Christen, Studentinnen und Studenten bekundeten ihre Genugtuung über die Auszeichnung eines Mannes, der einerseits der Kirche kritische und verantwortete Zeitgenossenschaft abfordert und andererseits mit seinem Vertrauen auf die Vernunftfähigkeit des christlichen Glaubens unsere Gesellschaft herausfordert, die ihrer eigenen Rationalität nicht mehr recht trauen will. Gerade deswegen nahm eine breite Öffentlichkeit an dem Ereignis Anteil. Dies zeigte sich zunächst in der großen Beteiligung an der akademischen Feier der Ehrenpromotion. Es kam aber ebenso in zahlreichen Briefen an den Dekan des Fachbereichs Katholische Theologie, Prof. Dr. Hermann Schrödter, wie auch in dem starken Engagement der Studentinnen und Studenten der Fachschaft Katholische Theologie zum Ausdruck, die sich unmittelbar nach Bekanntwerden des Beschlusses des Fachbereiches in einer eigenen Presseerklärung zu Wort meldeten. Darin heißt es u. a.: "Die Fachschaft Katholische Theologie begrüßt ausdrücklich die Verleihung der Ehrendoktorwürde an Prof. Dr. Alfons Auer durch den Fachbereich. Auers Ansatz ermuntert uns als Studierende in einer Stadt wie Frankfurt zur Auseinandersetzung mit anderen Wissenschaften, um so zu sachgerechtem Urteilen und Handeln zu gelangen. Es freut uns besonders, daß Prof. Auer nun doch die Ehrendoktorwürde verliehen werden kann, nachdem der Versuch der Wiener Katholisch-Theologischen Fakultät vorerst gescheitert ist. Der Wiener Erzbischof lehnte es ab, einem Theologen, der die 'Kölner Erklärung' unterzeichnet hat, diese Ehre zuteil werden zu lassen ... Wir achten Prof. Dr. Auer wegen seiner aufrichtigen und aufrechten Haltung. Trotz der Ablehnung, die ihm entgegenschlug, hielt er an seiner Überzeugung fest, ohne sie absolut zu setzen."

Schließlich wird das Interesse an der Ehrenpromotion anhand der großen Nachfrage nach dem Festvortrag von Prof. Dr. Auer zum Thema "Wie kann Menschsein heute glücken? Theologisch-ethische Wahrheitssuche in einer säkularen Gesellschaft" deutlich, wie auch in der Nachfrage nach den anderen Redebeiträgen, Pressestimmen etc. Dadurch ermuntert, haben wir uns entschlossen, soweit als möglich alle Vorgänge im Rahmen der Verleihung der Ehrendoktorwürde an Alfons Auer zu dokumentieren. Immer wieder wurde gefragt, warum ein theologischer Fachbereich den akademischen Grad eines Dr. phil. h. c. verleiht und nach welchem Verfahren dies geschieht. Daher beginnen wir die Dokumentation mit der Chronologie des Verfahrens. Sodann sind alle Beiträge der akademischen Feier aus Anlaß der Verleihung der Ehrendoktorwürde aufgeführt. Es schließt sich eine Bibliographie der Werke von Alfons Auer an. Die Basis der Bibliographie bildet die Liste, die Alfons Auer selbst für die Dissertation zu seinem Lebenswerk von Hans Hirschi zur Verfügung gestellt hat. Dankenswerterweise hat Prof. Dr. Auer diese Liste für die Dokumentation ergänzt und auf den neuesten Stand gebracht. Schließlich fügen wir die Presseerklärungen und die in Zeitungen und Zeitschriften erschienenen Reaktionen auf die Ehrenpromotion an. Anstelle eines Schlußwortes wird stellvertretend für Auers Schüler und Freunde ein für dessen schwäbisches Gemüt erträglicher Glückwunsch von Dietmar Mieth stehen. Und der Geehrte zieht sich schließlich selbst die Narrenkappe über und behält so souverän das Heft in der Hand, indem er - Ehre hin oder her - der bleibt, der er ist.

Die Zusammenstellung und Veröffentlichung der Dokumentation wäre nicht möglich gewesen, wenn nicht viele im Interesse der Sache mitgearbeitet hätten. Ihnen allen sei an dieser Stelle gedankt.

Ganz besonders danken wir Hilde Frerichs, Martin Schmidl und Maria Hungerkamp, die sehr schnell und auch in ihrer Freizeit die Manuskripte geschrieben, korrigiert und druckfertig gemacht haben.

Unser Dank gilt auch dem Verleger Walter Sulberg, der dafür Sorge trug, daß das Buch sehr rasch erscheinen konnte.

Frankfurt im Juni 1993

Johannes Hoffmann   Hubert Wolf

1. Verfahren und Chronologie der Ehrenpromotion am Fachbereich Katholische Theologie der Johann Wolfgang Goethe-Universität in Frankfurt

Der Fachbereich Katholische Theologie kann in Anerkennung hervorragender Verdienste in Wissenschaft und Kunst Grad und Würde eines Doktors der Philosophie ehrenhalber (Dr. phil. honoris causa) verleihen. Er tut dies im Zusammenwirken mit all den Fachbereichen, die an der Frankfurter Universität den akademischen Grad eines Doktors der Philosophie verleihen. Dazu gehören die Fachbereiche Gesellschaftswissenschaften, Erziehungswissenschaften, Psychologie, Katholische Theologie, Evangelische Theologie, Philosophie, Geschichtswissenschaften, Klassische Philologie und Kunstwissenschaften, Neuere Philologien, Ost- und Außereuropäische Sprach- und Kulturwissenschaften und Geographie.

Gemäß §14 der Promotionsordnung ist folgendes Verfahren dafür vorgesehen: Zunächst "muß die Ehrenpromotion von mindestens zwei Hochschullehrern beim Fachbereichsrat beantragt und schriftlich begründet werden". Dies geschah im Fall der Ehrenpromotion von Prof. Dr. Alfons Auer durch Prof. Dr. Hubert Wolf und Prof. Dr. Johannes Hoffmann in der Sitzung des Fachbereichsrates vom 25. November 1992. Zuvor hatte Prof. Dr. Hubert Wolf mit Prof. Dr. Auer Kontakt aufgenommen und ihn über die Absicht informiert. Der Rat des Fachbereichs Katholische Theologie stimmte dem Antrag einstimmig zu und bestellte gleichzeitig Prof. Dr. Karl-Wilhelm Merks, Tilburg/Niederlande und Prof. Dr. Ludger Honnefelder, Bonn, als auswärtige Gutachter.

Nach §14 Abs. 4 der Promotionsordnung müssen dann sowohl die Anträge wie auch die Gutachten "bei der Gemeinsamen Philosophischen Promotionskommission zur Einsicht und Stellungnahme für die Hochschullehrer der Fachbereiche, die den akademischen Grad eines Doktors der Philosophie verleihen, ausgelegt" werden. Am 12. Januar 1993 gab der Dekan des Fachbereichs Katholische Theologie, Prof. Dr. Hermann Schrödter, die Unterlagen an den Vorsitzenden der

Gemeinsamen Philosophischen Promotionskommission, Prof. Dr. Max Matter, weiter, der sie den Professorinnen und Professoren der in der Gemeinsamen Philosophischen Promotionskommission zusammengeschlossenen Fachbereiche vom 27. Januar 1993 bis zum 10. Februar 1993 zur Einsicht gab. Da keine Stellungnahme gegen den Antrag einging, erfolgte am 17. Februar 1993 die Abstimmung des Professorinnen- und Professorenkollegiums des Fachbereichs Katholische Theologie über den Antrag auf Ehrenpromotion. Nach §14 Abs. 7 der Promotionsordnung ist für diesen Beschluß Einstimmigkeit vorgeschrieben. Einen Tag nach der einstimmigen Annahme des Antrages, also am 18. Februar 1993 wurde Prof. Dr. Alfons Auer durch den Dekan Prof. Dr. Hermann Schrödter schriftlich über das Ergebnis benachrichtigt und um eine Stellungnahme gebeten. Zugleich teilte der Dekan den Beschluß der Presse mit. Die Fachschaft Katholische Theologie begrüßte in einer eigenen Erklärung den Beschluß des Fachbereichs. Mit Schreiben vom 23. Februar 1993 erklärte Prof. Dr. Alfons Auer seine Bereitschaft zu Annahme der beabsichtigten Ehrung. Damit war der Weg frei für die feierliche Ehrung, die unter großer Beteiligung der inner- und außeruniversitären Öffentlichkeit am Mittwoch, den 21. April 1993 in der Aula der Johann Wolfgang Goethe-Universität stattfand.

2. Die Akademische Feier aus Anlaß der Verleihung der Ehrendoktorwürde der Philosophie an Prof. Dr. Alfons Auer

2.1 Begrüßung durch den Dekan des Fachbereichs Katholische Theologie, Prof. Dr. Hermann Schrödter

Meine sehr verehrten Damen und Herren,

im Namen des Fachbereichs Katholische Theologie heiße ich Sie alle sehr herzlich willkommen. Ich freue mich sehr, daß Sie unserer Einladung zu dieser Akademischen Feier so zahlreich gefolgt sind.

Besonders begrüßen möchte ich

- den Vizepräsidenten unserer Universität, Herrn Prof. Weidmann, der gleich ein Grußwort an uns richten wird.

Ich begrüße die Kollegen

- aus anderen Fachbereichen der Universität Frankfurt und aus der Philosophisch-theologischen Hochschule St. Georgen,

- aus auswärtigen Universitäten und Hochschulen, besonders der Universität Tübingen.

Begrüßen möchte ich weiter

- die Vertreter aus dem Bereich der Kirchen, besonders den Generalvikar des Bistums Limburg, Herrn Dr. Tilmann, und von der Evangelischen Kirche in Hessen und Nassau Herrn Prof. Dienst,

- die Vertreter katholischer und evangelischer Akademien,

und nicht zuletzt die Pfarrer aus nah (d.h. der Region Frankfurt) und fern (d.h. aus dem Schwabenland).

Meine Damen und Herren,

der Fachbereich Katholische Theologie der Johann Wolfgang Goethe-Universität hat am 17. Februar 1993 einstimmig beschlossen, Herrn Prof. Dr. Alfons Auer die Würde eines Doktors der Philosophie ehrenhalber zu verleihen.

Mit der Ehrendoktorwürde verleiht ein Fachbereich seine höchste Auszeichnung. Er ehrt damit Persönlichkeiten, die

- zum einen durch hervorragende Verdienste um Wissenschaft und Kultur hervorgetreten sind, und

- zum anderen besondere Beziehungen zum Fachbereich und zur Universität haben.

Beides wird Herr Kollege Hoffmann in seiner Würdigung näher erhellen.

Ich möchte nur kurz darauf eingehen, daß und wie auf dem Hintergrund der Geschichte der Frankfurter Universität und der gegenwärtigen Lage der katholischen Theologie dem wissenschaftlichen Werk von Professor Auer für den Fachbereich eine besondere Bedeutung zukommt.

Stichwort "Geschichte der Frankfurter Universität":

Theologie trat an der Frankfurter Universität in einen bereits bestehenden Zusammenhang nichttheologischer Wissenschaften ein. Denn sie war anfangs gar nicht, später bis in die fünfziger Jahre nur durch Lehraufträge im Rahmen der Lehrerausbildung vertreten. Erst seit 1987 gibt es - nach verschiedenen organisatorischen Zwischenstufen im Zusammenhang mit der Universitätsreform in den siebziger Jahren - zwei eng zusammenarbeitende theologische Fachbereiche: den Fachbereich Evangelische Theologie und den Fachbereich Katholische Theologie.

Stichwort "Gegenwärtige wissenschaftliche Situation":

Die gegenwärtigen innergesellschaftlichen und interkulturellen Herausforderungen auch der Theologie durch fremde Erfahrungswelten werden in Stadt und Region Frankfurt besonders deutlich.

Die derzeitige Forschungsentwicklung innerhalb und außerhalb der Frankfurter Universität führt zu Problemstellungen und Anfragen, denen die Theologie nur zu ihrem eigenen Schaden ausweichen könnte.

Der Fachbereich Katholische Theologie stellt sich diesen Anforderungen, indem er theologische Lehre und vor allem Forschung sowohl interdisziplinär als auch interkulturell anlegt. Dies schlägt sich einmal in entsprechenden Studien- und Prüfungsanforderungen nieder, führte zum anderen dazu, zwei Forschungsfelder am Fachbereich einzurichten:

- "Theologie interkulturell" mit jährlicher Gastprofessur und wissenschaftlichem Symposium,

- "Technikforschung (Technik und Ethik)" im Rahmen der Interdisziplinären Arbeitsgruppe Technikforschung der Universität Frankfurt.

Beide Schwerpunkte, der interkulturelle wie der technikzentrierte, führten zu Engagements in der eigenen Universität und darüber hinaus - bis zu institutionalisierten internationalen Kooperationen.

Zu diesen unseren Vorhaben und Absichten sahen und sehen wir uns durch die wissenschaftliche Arbeit Professor Auers ermutigt und bestärkt. In ihren Leitlinien: Rationalität, Kommunikabilität und Interdisziplinarität sieht der Fachbereich angemessene Vermittlungsdimensionen sittlicher und theologischer Aussagen in der heutigen Gesellschaft. Denn sie ermöglichen es, sich in der Wirklichkeit und ihren empirisch-wissenschaftlichen und philosophischen Deutungen ebenso kritisch wie selbstkritisch zu bewegen. Solche "verantwortete Zeitgenossenschaft" ist einer der mutigen Wege, die über jedes menschliche Minimum und Maß hinaustreibende Botschaft des Evangeliums in unserer Zeit vernehmbar zu machen.

2.2 Grußwort des Vizepräsidenten der Johann Wolfgang Goethe-Universität Prof. Dr. Joachim Weidmann

Meine Damen und Herren,

im Namen der Universität heiße ich Sie herzlich in unseren Räumen willkommen. Der Präsident hat mich gebeten, Ihnen allen seinen Gruß zu überbringen. Unaufschiebbare Verpflichtungen hindern ihn zu seinem Bedauern daran, Sie, lieber und verehrter Herr Auer, persönlich zu der Ehrung zu beglückwünschen, die Ihnen heute zuteil wird.

Dem Fachbereich Katholische Theologie und Ihnen, lieber Herr Dekan Schrödter, verdanken wir die Auszeichnung eines Menschen, der sich ein Leben lang als kritischer Christ verstand; der lebte, was er wissenschaftlich vertrat.

Wer die Geschichte unserer Universität kennt, dem mag die heutige Feierstunde als späte Versöhnung gelten mit der Gründungsgeschichte, die von konfessionellen Turbulenzen nicht frei war.

Vor achtzig Jahren wurde eine Theologische Fakultät in Frankfurt nicht eingerichtet, weil nach Ansicht der Gründungsväter es deren schon genug gab und die Theologie den Fortschritt der Wissenschaft zu lange schon gehemmt habe. Auch fürchtete man, es könne so das freie interkonfessionelle Gespräch gestört werden, das an der Universität gepflogen werden sollte. Obwohl zu den Gründungsvätern eine große Zahl jüdischer Bürger zählte, gab es deshalb auch keine Fakultät für jüdische Glaubenslehre.

Statt dessen gab es konfessionelle Lehraufträge an der Philosophischen Fakultät, deren bedeutende Vertreter gerade zu dem unkonventionellen, freien "Frankfurter Geistesklima" beitrugen.

Alfons Auers Lehrer Theodor Steinbüchel hat hierzu wesentlich beigetragen als einer, der Christentum und Welt, Christliche Sozialethik und Sozialismus zu vereinen suchte und sich intensiv mit der Arbeiterbewegung befaßte.

Heute, 1993, sehen wir, daß unserer Universität die Einrichtung gar zweier theologischer Fachbereiche nicht geschadet hat.

Ganz im Gegenteil: Gerade der Fachbereich Katholische Theologie zeigt an zahlreichen Projekten und Veranstaltungen, unter die auch die Ehrung von Steinbüchels Schüler zu zählen ist, immer wieder, daß das Leben und Lehren christlicher Ethik in der Welt von heute durchaus möglich ist.

Sie, verehrter Herr Auer, beglückwünsche ich sehr herzlich zur Verleihung der Ehrendoktorwürde durch den Fachbereich Katholische Theologie der Johann Wolfgang Goethe-Universität.

2.3 Prof. Dr. Johannes Hoffmann: Laudatio anläßlich der Verleihung eines Dr. phil. h. c. an Prof. Dr. Alfons Auer durch den Fachbereich Katholische Theologie der Johann Wolfgang Goethe-Universität in Frankfurt.

"Es war von Anfang an und blieb bis zum heutigen Tag die große Chance meines Lebens, daß ich Kirche nicht primär am Schreibtisch, sondern in konkreten Gemeinden erfahren habe: Als Kind in einem Dorf des katholischen Oberlandes, später in den lebendigen Pfarrgemeinden von Cannstatt Liebfrauen und von Würzburg St. Adalbero, dazwischen in der Tübinger Studentengemeinde, die sich als ganze oder in Gruppen nach 45 Jahren immer noch trifft, sowie in der personell stets variierenden Gemeinde um die Katholische Akademie Hohenheim und seit nunmehr bald 25 Jahren fast jeden Sonntag in der Kapelle "Auf dem Sand" am Stadtrand von Tübingen in einer Gottesdienstgemeinde, bei deren Eucharistiefeier trotz außergewöhnlicher Kargheit des Raumes für jeden die Kirche als das erfahrbar wird, was sie eigentlich ist: als weltaufgeschlossene Gemeinschaft glaubender, hoffender und liebender Christen, als menschliche und geistliche Heimat... Diese Erfahrung hat sich während meines Studiums in der Gemeinschaft des Tübinger Wilhelmstifts und später in der Cannstatter Liebfrauengemeinde, vor allem in ihrer Pfarrjugend, gegenüber Bedrohungen durch das "Dritte Reich" in einer heute kaum mehr vorstellbaren Weise erhärtet"[1].

So äußert sich Alfons Auer rückblickend über seine prägenden Erfahrungen mit der Kirche. In diesem Rückblick sind für ihn wichtige Stationen seines Lebens genannt. Ich kann mich daher auf ein paar Ergänzungen beschränken. 1915 in Schönebürg geboren, wuchs er mit sieben Geschwistern auf, drei Schwestern und vier Brüdern. Zwei Geschwister verstarben früh, zwei Brüder sind im Krieg gefallen. Seine Kindheit verbrachte er zusammen mit den Eltern und Geschwistern in Schönebürg im Anwesen der Eltern, einer Gastwirtschaft in Verbindung mit Landwirtschaft. Auf die Frage, wie er denn zum Theologiestudium und zum Priestertum kam, nennt er zunächst Pfarrer Ehrler aus Schönebürg, der ihm, wie vorher anderen Jungen seines Dorfes, drei Jahre lang täglich drei Stunden Lateinunterricht gab. Das hat ihn geprägt. Eine ehemalige Studentin von ihm erzählte mir, er habe Latein sehr geliebt und in den Vorlesungen und Seminaren immer viel Latein einfließen lassen[2]. Nach der Zeit des Privatunterrichtes kam er über eine dreijährige Zwischenstation am Gymnasium in Rottenburg ins Internat nach Ehingen, wo er auch das Abitur ablegte.

Seine Entscheidung, Priester zu werden, beschreibt er als eine pragmatische Lebensentscheidung. Er habe mit dieser Entscheidung auf die Faktizitäten auf seinem Lebensweg reagiert. Die weiteren Stationen brauche ich nicht mehr zu nennen. Sie sind in seinem eben zitierten Rückblick enthalten.

---

[1]   Alfons Auer, Es gibt keinen Grund, darüber nicht zu sprechen, in: M. Müssle, Hrsg., Unsere Erfahrungen mit der Kirche, Freiburg/Basel/Wien 1991, 63-79.

[2]   Als eigentlichen Grund äußerte sie die Vermutung, er habe erreichen wollen, daß die Studierenden die römischen Dokumente auch in Latein lesen lernen sollten.

Die Deutung seiner lebensgeschichtlichen Erfahrungen mit der Kirche möchte ich noch durch Erfahrungen ergänzen, die sich für ihn aus der Begegnung mit Theodor Steinbüchel und mit Ernst Michel ergeben haben. Dies geschieht nicht deswegen, um ein spezifisches Interesse von Frankfurt für die Verleihung der Ehrendoktorwürde herauszuarbeiten, sondern um auf einen Zusammenhang hinzuweisen, der in den Analysen und Würdigungen des Auerschen Werkes bisher zu wenig berücksichtigt wurde und - soweit es die Begegnungen mit Ernst Michel betrifft - nirgendwo eine explizite Bearbeitung findet[3]. Wie ich noch mit eine paar Hinweisen andeuten möchte, ist es für das Verständnis des Lebenswerkes von Alfons Auer durchaus aufschlußreich, die Verbindungen und Kontakte zu Ernst Michel einzubeziehen. Doch bevor ich darauf eingehe, möchte ich zunächst einige Fakten über sein wissenschaftliches Werk nennen und auf die Wirkung und Diskussion seines Oeuvres in der Scientific Community hinweisen.

A. Stationen seines wissenschaftlichen Arbeitens bis zu seinem Hauptwerk "Autonome Moral und christlicher Glaube"

Auers Werk umfaßt inzwischen elf Monographien und über 200 Beiträge in Lexika, Zeitschriften und Sammelwerken. Wichtige seiner Schriften wurden ins Englische, Italienische, Spanische und Holländische übersetzt. Trotz der vielfältigen Fragen, denen sich Auer in seinem umfangreichen Werk gewidmet hat, zieht sich von der Disser-

---

[3] Selbst in Hans Hirschi, Moralbegründung und christlicher Sinnhorizont. Eine Auseinandersetzung mit Alfons Auers moraltheologischem Konzept, Freiburg i. Üe. 1992, einer grundlegenden systematischen Auseinandersetzung mit Auers Gesamtwerk, findet sich kein Hinweis auf Ernst Michel. Das gleiche gilt für das Werk von Wolfgang Nethövel, Moraltheologie nach dem Konzil. Personen, Programme, Positionen, Göttingen 1987. Nethövel befaßt sich im 2. Kapitel mit Alfons Auers Konzept einer Autonomen Moral in christlichem Kontext, erwähnt aber ebenso nicht, daß Ernst Michel mit seiner Laienspiritualität, seiner Eheauffassung und seinem Verständnis einer "Politik aus dem Glauben" ein bedeutender Wegbereiter der Verdeutlichung der relationalen Autonomie der Sachbereiche in Gaudium et Spes gewesen ist. Erst in der sehr interessanten Michel-Interpretation von Peter Reifenberg, Situationsethik aus dem Glauben. Leben und Denken Ernst Michels (1889-1964), St. Ottilien 1992, wird in einem Schlußkapitel: "Ausblick: Ernst Michel als Wegbereiter eines personal-existentialen Ethos in relationaler Autonomie" der Bezug zu Auer und seinem Konzept einer Autonomen Moral in christlichem Kontext hergestellt. Hier finden sich Ansätze, die sowohl systematisch und auch historisch weiter verfolgt werden sollten.

tation mit dem Titel "Grundzüge des christlichen Ethos nach Franz Xaver Linsenmann" (1947) an bis zu seiner "Umweltethik" aus dem Jahre 1984 sein Grundanliegen, den christlichen Glauben im Kontext der Moderne lebbar zu machen, wie ein roter Faden durch all seine Veröffentlichungen und sorgt für eine außerordentliche Geschlossenheit. Die Gliederung seiner Dissertation deutet bereits alle Grundfragen an, denen er sich sozusagen in konzentrischen Kreisen in allen weiteren Arbeiten stellt. Die Gliederungspunkte sind in Thesenform gehalten und lauten:

"1. Das christliche Ethos ist personalistisches Ethos.
2. Das christliche Ethos ist dynamisches Ethos.
3. Das christliche Ethos ist weltverantwortliches Ethos."

Linsenmanns Kritik am Nominalismus, der die göttlichen Gebote als göttliche Willkürakte betrachtete, das Sittengesetz rein positivistisch auslegte und die menschliche Freiheit als subjektive Willkür ablehnte, ermöglichte es Auer, bereits zu Beginn seiner wissenschaftlichen Arbeiten den Zusammenhang von Theonomie und Autonomie zu erörtern. Dabei konnte er sich auf die Präzisierung und Vertiefung der Gewissensauffassung Linsenmanns durch seinen Lehrer Theodor Steinbüchel stützen.

Als nächster Schritt auf dem Wege zu seinem Hauptwerk muß Auers Habilitationsschrift aus dem Jahr 1954 über das Enchiridion des Erasmus von Rotterdam zur Laienspiritualität genannt werden, in der Erasmus gegenüber scholastischer Spekulation und weltentrückter Frömmigkeit für die Realisierung christlicher Frömmigkeit in der Welt eintritt und statt der vorherrschenden Weltverachtung seiner Zeit für eine theologisch und anthropologische Weltbejahung plädiert, die den Blick für eine Frömmigkeit freimacht, die - wie Auer schreibt - "im Dienst an der Welt das göttliche Tun nachahmt und fortführt"[4].

Auf der Basis und im Anschluß an die Arbeit zum Enchiridion baut Auer seine Überlegungen zur "Theologie der irdischen Wirklichkeiten"

---

4   Alfons Auer, Die vollkommene Frömmigkeit des Christen, nach dem Enchiridion militis christiani des Erasmus von Rotterdam, Düsseldorf 1945, 200.

aus, die u.a. in seinem Buch "Weltoffener Christ", das 1960 erschien, eine Zusammenfassung erfuhren. Wie er selbst erwähnt, "stieß das Buch im In- und Ausland auf breite Zustimmung", brachte ihm aber auch zum ersten Male in seinem Leben Schwierigkeiten mit dem kirchlichen Lehramt ein. Grundlegend für seine Autonome Moral ist hier seine Unterscheidung von profanem Sachwissen und christlichem Heilswissen. Einerseits pocht Auer dabei auch auf eine schöpfungstheologisch notwendig erachtete Eigengesetzlichkeit und Eigenwertigkeit profanen Sachwissens. Andererseits muß die einseitige Perspektivität einzelwissenschaftlicher Ergebnisse zunächst im Horizont der Ergebnisse aller Einzelwissenschaften gewichtet und in das Sinnwissen von Philosophie und Theologie integriert werden, damit so der sittliche Anspruch deutlich wird, der sich aus dem Sachwissen an das ethische Subjekt ergibt. Es ist nicht zuletzt Auers Verdienst, daß diese Unterscheidung ihren Niederschlag in der Pastoralkonstitution des II. Vatikanischen Konzils gefunden hat. In Nr. 36 heißt es dort: "Wenn wir unter Autonomie der irdischen Wirklichkeiten verstehen, daß die geschaffenen Dinge und auch die Gesellschaften ihre eigenen Gesetze und Werte haben, die der Mensch schrittweise erkennen, gebrauchen und gestalten muß, dann ist es durchaus berechtigt, die Autonomie zu fordern. Das ist nicht nur eine Forderung der Menschen unserer Zeit, sondern entspricht auch dem Willen des Schöpfers...".

Ein wichtiger Prüfstein für diese Unterscheidung war für Auer neben anderem die Klärung und Entscheidung über die Frage der Geburtenregelung im Anschluß an das Konzil. Er selbst war in die päpstliche "Spezialkommission für das Studium des Bevölkerungsproblems, der Familie und der Geburtenhäufigkeit" berufen worden. Offensichtlich hatte sich hier im Dialog mit den Vertretern verschiedener Fachdisziplinen - wie er selbst berichtet - "auch in der theologischen Gruppe dieser Kommission im Laufe der Zeit die Minderheit von 25% zu einer Mehrheit von 75% zugunsten einer Weiterbildung der kirchlichen Lehre entwickelt"[5]. Als Papst Paul VI. sich dann in seiner Enzyklika "Humanae Vitae" das Minderheitenvotum zu eigen machte, reagierte Auer darauf mit seinen "Zehn Thesen über die Findung sittlicher

---

5   Alfons Auer, Es gibt keinen Grund, ... a.a.O.

Weisungen" mit dem Ziel, die einbahnige Form "verbindlichen lehramtlichen Sprechens über Fragen der sittlichen Lebensgestaltung" zurückzuweisen und die Notwendigkeit dialogischer Bildung des sittlichen Bewußtseins auch der Christen zu fordern. Die zehn Thesen stellen zugleich kurzgefaßt das Programm dar, das er in seinem Hauptwerk "Autonome Moral und christlicher Glaube" entfaltet und 1971 vorgelegt hat. Von der an Thomas von Aquin gewonnenen Wirklichkeitsauffassung von Josef Pieper: "Alles Sollen gründet im Sein. Die Wirklichkeit ist das Fundament des Ethischen. Das Gute ist das Wirklichkeitsgemäße"[6], folgert Auer: "Das Sittliche ist also zu bestimmen als der Anspruch, den die Wirklichkeit an die menschliche Person stellt". Diese Formel impliziert eine Autonomie in zweifacher Hinsicht. Einerseits gilt es, die Differenz zwischen Weltordnung und Heilsordnung durchzuhalten, die unbeschadet der Bezogenheit der profanen Wirklichkeit auf ihre heilsgeschichtliche Vollendung dieser Wirklichkeit in ihrer Eigengesetzlichkeit, in ihrer Autonomie geachtet werden muß. Andererseits muß der Mensch, der ja als freiwollender Partner von Gott selbst geschaffen und gewollt ist, gerade deswegen in seiner Vernunft als autonom angesehen werden. Für Auer "liegt die ontologische Begründung dieser Aussagen in der Funktion des Menschen als eines umgreifenden Ordnungsprinzips innerhalb des Universums. Weil die Welt sinnvoll und geordnet ist, ereignet sie sich gewissermaßen in jedem ihrer Teile. Im Menschen aber ist sie am vorzüglichsten repräsentiert. Er ist die ontologische Spitze der Welt. Darum trifft sich in ihm die naturhafte dynamische Intentionalität der gesamten übrigen Welt auf ihre optimale geschichtliche Verwirklichung hin. Weil in ihm die Evolution zum Bewußtsein ihrer selbst gekommen ist, hat er ihren weiteren Fortgang zu verantworten"[7]. Wenn also Auer "Sittlichkeit als den Anspruch" definiert, "den die Wirklichkeit an die menschliche Person stellt"[8], dann ist dieser Anspruch für den Menschen in zweifacher Hinsicht zugängig, nämlich durch die in ihre Eigengesetzlichkeit entlassene aber geschaffene Wirklichkeit und durch die in ihre Freiheit entlassene erkennende

---

6   Josef Pieper, Die Wirklichkeit und das Gute, München 1949,11.
7   Alfons Auer, Autonome Moral und christlicher Glaube, Düsseldorf 1971, 23.
8   Ders. ebd., 16.

menschliche Vernunft. Und so kann Auer die "Autonomie des Sittlichen bejahen, weil sie in der Autonomie der Wirklichkeit impliziert ist". Gleichzeitig kann er deswegen fortfahren: "Wir bestreiten eine absolute Autonomie der Welt und des Sittlichen, weil diese Autonomie ihren Ermöglichungsgrund in bestimmten transzendentalen Relationen hat, die freilich der Eigenwertigkeit und Eigengesetzlichkeit der Welt, obwohl sie diese begründen, nicht abträglich sind"[9]. Für den Christen ergibt sich daraus, daß er sich wie jeder andere Mensch sachgerecht verhalten muß. Da er aber schon immer an die in Christus erschienene versöhnende, heilende und rettende Gegenwart Gottes glaubt, erschließt sich ihm ein neuer Sinnhorizont, von dem er sich getragen weiß und der ihn dazu ermuntert, eine integrierende, stimulierende und kritisierende Funktion in Hinblick auf sachlich richtiges weltliches Handeln wahrzunehmen.

B. Zur Rezeption der von Alfons Auer vorgenommenen Neubestimmung des Sittlichen.

Dieser Paradigmenwechsel bei der Grundlegung des Sittlichen in der theologischen Ethik durch Alfons Auer blieb nicht undiskutiert. Nicht zuletzt die Konsequenzen für die Zuständigkeit des Lehramtes bei der Statuierung weltethischer Weisungen rief das Lehramt auf den Plan. Einerseits versuchte man das Erscheinen seines Buches "Autonome Moral und christlicher Glaube" zu verhindern, und als dies mißlang, setzte man durch, daß dieses Buch zehn Jahre lang nicht wiederaufgelegt werden durfte.

Natürlich gab es auch Kritik aus dem Kreise der Fachkollegen, sei es, daß man die Grenzen seines Ansatzes sittlicher Autonomie aus der Sicht der sogenannten Glaubensethik aufzuzeigen versuchte, sei es, daß die Grenzen seines Autonomieverständnisses aus der Perspektive der Bestimmung sittlicher Autonomie bei Kant angegangen wurden. Darin eingeschlossen ist selbstverständlich die Kritik an seinem Wirklichkeits- und an seinem Vernunftverständnis.

---

[9] Ders. ebd., 173.

Gerade durch die zahlreichen kritischen Bezugnahmen zeigte sich die innovatorische Kraft und Fruchtbarkeit des Auerschen Ansatzes für Theologie und Kirche. Alfons Auer hat sich der an ihn herangetragenen Kritik offen gestellt, sich mit ihr in zahlreichen persönlichen Gesprächen und Publikationen auseinandergesetzt und sie zur Differenzierung und weiteren Verdeutlichung seines Ansatzes genutzt. Ich denke gerade sein Umgang mit Kritik, die an ihm geübt worden ist, hat dazu beigetragen, daß er auf viele Theologinnen und Theologen anziehend wirkte, sich um ihn eine Schule bildete, aus der fünf Professoren für Moraltheologie an Universitäten und einer an einer Fachhochschule hervorgegangen sind.

Nach Karl-Wilhelm Merks, dem moraltheologischen Gutachter in diesem Promotionsverfahren, "gehört Alfons Auer zu den überragenden Gestalten der moraltheologischen Szene der Gegenwart. Wie wenige übt er mit seinem fundamentalethischen Ansatz einer "autonomen Moral" unvermindert starken Einfluß aus auf die aktuelle moraltheologische Grundlagendiskussion"[10]. Für den Philosophen Ludger Honnefelder "gehört Alfons Auer zu der international kleinen Gruppe von Theologen, denen das Fach seine nach der Jahrhundertmitte einsetzende Erneuerung verdankt, und darf für den mit dem Stichwort der "autonomen Moral" bezeichneten Strang dieser Neukonzipierung als einer der maßgeblichen Inauguratoren gelten. Durch diese Erneuerung, zu der Auer maßgeblich beigetragen hat, hat die theologische Ethik nicht nur eine weltweit reichende Wirksamkeit innerhalb der Katholischen Kirche und der christlichen Kirche insgesamt gewinnen können, sondern zugleich auch einen bedeutsamen Beitrag zur allgemeinen ethischen Diskussion, nicht zuletzt zu den immer wichtiger werdenden Fragen der angewandten Ethik geleistet"[11].

C. Ansätze für eine regionale kontextuelle Theologie.

Über die Bedeutung Auers für die ethische Diskussion hinaus fällt auf, daß sein Ansatz von der Exegese angefangen bis zur Dogmatik von fast

---

[10] Karl-Wilhelm Merks, Gutachten vom 23.12.1992.
[11] Ludger Honnefelder, Gutachten vom 7.1.1993.

allen theologischen Fachdisziplinen aufgegriffen wurde und diskutiert wird. Einmal abgesehen von der Bedeutung seines Paradigmenwechsels für die kirchliche Lehre hängt dies damit zusammen, daß Auer selbst - wie ich eingangs zitierte - von sich sagt, daß er bis auf den heutigen Tag Kirche nicht primär am Schreibtisch, sondern in konkreten Gemeinden erfahren habe, und er nennt auch die konkreten Kontexte dieser Erfahrungen. Natürlich hat er auch seine theologischen Fragen, denen er nachging, nicht am Schreibtisch gefunden, sondern er wurde damit in seiner Praxis als Seelsorger konfrontiert. Die Herausforderung zu theologischer Reflexion ergab sich aus den Problemen der faktisch gelebten Überzeugung von Christen, aus den Fragen und Nöten des Handelns von Christen und der Praxis christlicher Gemeinden und Gemeinschaften im Kontext des Dritten Reiches und im Zuge des Rationalisierungs- und Säkularisierungsprozesses der Gesellschaft in der Moderne. Im Grunde war und ist seine Theologie daher Reflexion der Praxis von Christen und Gemeinden, ja integrierende, stimulierende und kritisierende Reflexion seiner Erfahrungen mit den Orientierungsschwierigkeiten, Ängsten, Sorgen und Nöten von Menschen, die als Christen in den jeweiligen gesellschaftlichen Kontexten leben wollten und wollen. Die Subjekte seiner theologischen Reflexion sind Christen und Gemeinden in den sich wandelnden Kontexten unserer Kultur und in der sich verändernden Wirklichkeit unserer Industriegesellschaft. Geht man davon aus und deutet man diesen Vorgang im Lichte der Definition Robert J. Schreiters, nämlich: "Regionale Theologie läßt sich als die dynamische Interaktion von Evangelium, Kirche und Kultur definieren. Sie ist dialektisch, insofern sie sich zwischen den einzelnen Bereichen des Evangeliums, der Kirche und der Kultur bewegt. Diese Interaktion wirft Fragen auf, deren Lösung für die Stärke und Authentizität regionaler Theologie in den Ortskirchen unbedingt notwendig ist"[12], dann erweist sich: Die Bedeutung Auers in der Grundlegung und Praxis einer regionalen kontextuellen Theologie, aus der sich für ihn der Paradigmenwechsel in der theologischen Ethik ergab. Wenn man die Publikationen Auers durchsieht, entdeckt man einerseits auf Schritt und Tritt bis auf den heutigen

---

[12] Robert J.Schreiter, Abschied vom Gott der Europäer. Zur Entwicklung regionaler Theologien, Salzburg 1992, 44.

Tag Formulierungen, wie die beiden folgenden: "Die Rationalität des Sittlichen enthüllt sich weniger in der abstrakten Spekulation als in der Reflexion über die geschichtlichen Erfahrungen der Menschen"[13]. Oder im Gespräch mit Hans Rotter sagt Auer: "Ich meine jedenfalls, man müßte jeden moraltheologischen Traktat so aufbauen, daß man von bestimmten einschlägigen Erfahrungen ausgeht, ihren menschlichen Sinn reflektiert und aus dem christlichen Sinnhorizont heraus nach letzter Begründung, gültiger Form und tragender Motivation frägt."[14] Andererseits besteht für mich kein Zweifel darüber, daß Auer im Interesse der Lebbarkeit christlichen Glaubens und im Interesse der ethischen Bewohnbarkeit der Kirche ganz primär immer an einer "dynamischen Interaktion von Evangelium, Kirche und Kultur"[15] interessiert ist. Geht man von dieser Perspektive erneut an sein Werk, zeigt sich manches in einem klareren Licht, als wenn man - was durchaus auch nötig ist - allein mit theologischer oder philosphischer Akribie die von ihm verwendeten zentralen Begriffe wie etwa "Wirklichkeit" oder "Autonomie" theoretisch auf ihre Tragfähigkeit hin abklopft.

Desweiteren zeigt sich dann auch die Relevanz der Begegnungen Auers mit dem Frankfurter Ernst Michel in den Jahren von 1933 bis 1938. Als Abonnent der Rhein-Mainischen Volkszeitung schon vor seinem Abitur hatte Alfons Auer die Bekanntschaft mit Ernst Michel

---

13 Alfons Auer, Autonome Moral und christlicher Glaube, a.a.O., 29
14 Alfons Auer und Hans Rotter im Gespräch, in: G.Virt, Hrsg., Moral begründen - Moral verkünden, Innsbruck/Wien 1985, 46-62, hier: 53.
15 Robert Schreiter, a.a.O., 44.

gemacht[16]. Dann in den Jahren 1939 bis 1943 war Ernst Michel alljährlich einer der Hauptredner im Katholischen Bildungswerk in Stuttgart, was Auer zu Begegnungen mit ihm nutzte. Man braucht sich nur die Titel der Publikationen von Ernst Michel aus dieser Zeit zu vergegenwärtigen, dann wird man manche geistige Verwandtschaften und Beziehungen assoziieren, wie z.b.: "Von der kirchlichen Sendung der Laien" (1934), "Weltverantwortung" (1937), "Politik aus dem Glauben" (1926) etc. Diese oder ähnliche Themen hat Ernst Michel sicher auch in seiner Vortragstätigkeit in Stuttgart angeboten. Auer war, wie er mir sagte, von folgenden drei Buchveröffentlichungen Michels beeindruckt:

1. Politik aus dem Glauben, Jena 1926; (indiziert im Zuge der Abfassung und in der Diskussion mit der Enzyklika "Quadragesimo anno", die ja in wesentlichen Teilen von Oswald von Nell-Breuning verfaßt wurde).

2. Der Partner Gottes. Weisungen zum christlichen Selbstverständnis, Heidelberg 1946 und

3. Ehe. Eine Anthropologie der Geschlechtsgemeinschaft. Das Buch erschien in erster Auflage 1937 und in überarbeiteter Fassung 1948 (indiziert 1952).

Alle drei Bücher hatten es in sich und wurden deshalb auf den Index gesetzt. Ich hielte es gerade für die Bestimmung der Auerschen Theologie als regionaler kontextueller Theologie sehr hilfreich, seine

---

16 In der Rhein-Mainischen Volkszeitung "fand Ernst Michel das ihm entsprechende Publikationsorgan für aktuelle Zeitfragen für einen Leserkreis, der sich sowohl der katholischen Jugend als auch im Klerus, besonders der jüngeren Priestergeneration, fand", so beschreibt Peter Reifenberg. a.a.O., 75; oder: "Unter den Lesern der RMV waren Geistliche und Lehrer überrepräsentiert. 'Die Frankfurter Intellektualisten' nannte das die Kölnische Volkszeitung ironisch. Allgemein galt: Der Pfarrer liest die Germania oder die Kölnische Volkszeitung, der Kaplan die RMV. Als 1933 kurzzeitig die Abonnentenzahlen sprunghaft anstiegen, führte das der Geschäftsführer Dr. Knecht wohl mit Recht darauf zurück, daß die Presse der Sozialdemokraten schon verboten war und deren Leser jetzt in größerer Zahl auf die RMV umstiegen". Bruno Lowitsch, Der Frankfurter Katholizismus in der Weimarer Republik und die 'Rhein-Mainische Volkszeitung', in: Heiner Ludwig und Wolfgang Schroeder, Hrsg., Sozial- und Linkskatholizismus. Erinnerung, Orientierung, Befreiung, Frankfurt 1990, 46-74, hier: 58.

Erfahrungen aus den Begegnungen mit Ernst Michel zur Kenntnis zu nehmen, weil vieles, was Ernst Michel zur Vermittlung zwischen Evangelium, Kirche, Gesellschaft und Kultur als Laie in den Stil gestoßen hat und was auch seinen Niederschlag in Gaudium et Spes gefunden hat, von Alfons Auer in der Entfaltung seines theologischen Konzeptes nutzbar und explizit gemacht werden konnte[17].

Ich komme zum Schluß: Ich hoffe, daß anhand der exemplarischen und freilich sehr kurzen Darstellung seines Werkes, das durch die Hinweise auf die Rezeption des maßgeblich von ihm herbeigeführten Paradigmenwechsels in der Moraltheologie und durch meine These von der Gründung einer regionalen kontextuellen Theologie durch Alfons Auer deutlich werden konnte, welche nicht zu überschätzende Bedeutung Auer für die Überbrückung der Entfremdung zwischen Kirche und Welt hat.

Für Dietmar Mieth "ist Alfons Auer eine der Symbolfiguren der katholischen Reform" und der Wegbereiter "einer dramatischen Neubewertung der Bedeutung der Laien in der Kirche".[18]

Auers Umschreibung der Funktion der Theologie an den Schnittpunkten der säkularen Welt ist eine wesentliche Grundlage auch unserer Arbeit am Fachbereich Katholische Theologie in Frankfurt. Die Verleihung des Dr. phil. h.c. durch unseren Fachbereich ist ein

---

17 Anläßlich Michel's 100. Geburtstag im Jahr 1989 hielt Benno Haunhorst einen Gastvortrag am Fachbereich Katholische Theologie zum Thema: 'Politik aus dem Glauben'. Zur politischen Theologie Ernst Michels, in dem er den Michelschen "Versuch eines Paradigmenwechsels im theologischen Denken" anhand der zentralen Werke Michels, nämlich: "Kirche und Wirklichkeit", "Politik aus dem Glauben" und "Von der kirchlichen Sendung der Laien", beschrieb. in: Heiner Ludwig und Wolfgang Schroeder, a.a.O., 101-129; Michael Sievernich erkennt in Ernst Michel mit seinem Verständnis von sozialer Sünde einen Vordenkerr des II. Vatikanischen Konzils und auch insoweit auch der Theologie der Befreiung. Er stützt sich dabei auf den Kommentar zu "Gaudium et spes" von Wilhelm Weber. Vgl. Michael Sievernich, Soziale Sünde und soziale Bekehrung, in: Walter Seidel, Peter Reifenberg, Hrsg., Moral konkret. Impulse für eine christliche Weltverantwortung, Würzburg 1993, 146-169, hier: 147.

18 Dietmar Mieth, Alfons Auer. Würdigung anläßlich der Verleihung des philosophischen Ehrendoktors an der Johann Wolfgang Goethe-Universität Frankfurt durch den Fachbereich Katholische Theologie am 21.April 1993, Erklärung vom 16.4.93, 1.

Versuch, auf sein weltoffenes Denken und seinen interdisziplinären Dialog und auf seine Leistung für die Inkulturation des christlichen Glaubens in unsere moderne Gegenwart zu reagieren und zu danken. Darüberhinaus hoffen wir, mit der Ehrung dieses aufrechten Mannes ein Zeichen der Hoffnung für viele Christen zu setzen, die weltoffen zu leben versuchen, aber sich momentan von Kirche und Theologie oft allein gelassen fühlen.

Wenn Sie, Herr Kollege Auer, durch die Ehrenpromotion in eine nähere persönliche Beziehung zu unserem Fachbereich treten, die ideell längst besteht, legen wir nicht nur Ehre ein für die Theologie und für die Kirche, sondern dürfen uns selbst als Geehrte verstehen.

2.4 Prof. Dr. Gerfried Hunold, Dekan der Katholisch-Theologischen Fakultät, Tübingen

Glückwunschadresse an Alfons Auer

"Durch Menschlichkeit den Menschen bessern": Vielleicht ist diese ethische Einsicht des Erasmus v. Rotterdam geeignet, all das zu kennzeichnen, was dem Menschen die Anstrengung, seine Welt zum Humaneren zu ändern, so schwer macht. Zu groß ist der Lärm, mit dem das Unbedingte gegen das Tohuwabohu der Welt eingeklagt wird, als daß bloße Moralität noch etwas ausrichten könnte. Die großen Passionen sind dagegen dem passionierten Skeptiker und antik Gebildeten eine Torheit im Geschäft der Weltverbesserung. Die Übermächtigkeit des Affekts, mag sie nun sinnlich oder mehr zerebral sein, hat für ihn keine Beweiskraft, so wenig wie für Nietzsche der "Blasbalg der Wahrheit". Als Philosoph und Ethiker ist Erasmus kein Prophet, sondern Kritiker. Er will das Beste machen. Hat aber begründete Bedenken, daß die bloß fanatisch-schwärmerischen Seelen, auch wenn sie Löbliches im Sinn haben, Treffliches zustande bringen. Wenn man mit Max Weber den Unterschied zwischen Verantwortungsethik und Gesinnungsethik aufrecht erhält, ist er zweifellos der zurückhaltendste

Verantwortungsethiker, der sich stets fragt: Was kommt dabei heraus? Platonische Nüchternheit, phronesis, klare Handlungseinsicht, nicht aber monumentalische Großartigkeit, die im Leben zur Entstellung neigt, gilt es zu bewirken. Diese Art der philosophia christi ist das Gegenteil der zünftigen hegelschen "Anstrengung des Begriffs". Sie ist mehr ein Leben als ein Standpunkt, mehr eine Beseelung als eine Belehrung, mehr eine Verwandlung als nackte rigide Vernunft. Sie ist jene seltene Fähigkeit des Menschen, sich selbst und den ganzen menschlichen Käfig 'Welt' zu transzendieren und so die Begrenztheit des Verstandes und der Vernunft zu vergegenwärtigen. Nein, unter dieser Voraussetzung lassen sich das Profane und Religiöse, das Säkulare und das Christliche nicht mehr auseinanderdividieren. Die Streitpunkte werden dann zu Wegzeichen der gemeinsamen Sinnsuche. Das Humane läßt sich dann nicht mehr zugunsten des Christlichen wegdefinieren oder umgekehrt. Das ist unzeitgemäß inmitten einer lärmenden hysterischen Zeit, damals wie heute.

Ist es von ungefähr geschehen, daß Alfons Auer sich von dieser Unzeitgemäßheit eines Erasmus v. Rotterdam hat mitnehmen und prägen lassen? Diese gleiche Unzeitgemäßheit verbindet ihn in anderer Weise in seinem wissenschaftlichen Profil auch mit Franz Xaver Linsenmann, über den Alfons Auer ebenfalls wegweisend gearbeitet hat. Gegen das Einklagen einer unpersönlichen Norm der Lebensgestaltung setzt Linsenmann - wie Erasmus - auf die biblische Idee der Freiheit. Statt Appelle wird der Weg des Arguments gesucht. Die Unzeitgemäßheit, die ihm Spott und mangelndes Verständnis einbrachte, war der Versuch, Moral und Gesellschaft wieder miteinander in Berührung zu bringen: Loslösung von einem dogmatischen Moralismus, das Aufsuchen der Tagesfragen, die Anstrengung, Linien zu zeichnen für die Orientierung in lebensentscheidenden Fragen des öffentlichen Miteinanders.

Das sensible Gespür, seiner Zeit vorausdenken zu müssen, um sie zu verstehen, wird zum ethischen Impetus. Menschliches Handeln vollzieht sich wesenhaft im Medium der Zeit. Dieses Unzeitgemäße auf dem Weg zur Humanisierung des Menschlichen durfte Alfons Auer persönlich von seinem Lehrer Steinbüchel im Nahbereich der wissenschaftlichen Begegnung erfahren. Vergangenheit und Gegenwart werden damit in ihrem Traditionsgewicht und dem geschichtlich je neu zu erbringenden Willen zum Neuanfang im Ringen um die Authentizität des christlichen Handelns für die innertheologische Diskussion miteinander in Berührung gebracht. Unzeitgemäß setzt Steinbüchel auf die Einsicht, daß der Mensch durch alle Zeitgestalten hindurch unterwegs bleibt zum Ganzen seiner selbst, um unter je neu veränderten Bedingungen in Freiheit den Anspruch des Sittlichen einzulösen. Mit diesem Anspruch steht der Mensch gleichsam in einem unbeendbaren Lernprozeß zu sich selbst. Es ist der Anspruch einer wagendhoffenden Haltung des Glück und Gelingen suchenden Menschen, der ihn aus seiner geschichtlichen Endlichkeit fragend aufbrechen läßt, um im Umdenken und Handeln das Prinzip des Humanen im Glauben an die Zuwendung Gottes an den Menschen auszuschreiten und partiell greifbar werden zu lassen. Theologie und Ethik treten damit ein in die geistigen Strömungen der Zeit, um daraus Verstehensanleihen für die weiterführende Argumentation und Orientierung für sinnvolles Handeln in dieser Welt zu finden.

Drei Unzeitgemäßheiten sind skizziert, die den geistigen Charakter auch des heute Geehrten in seiner eigenen Denkart prägen. Soll man ihn in Stichworten umschreiben, so lautet er: Erneuerung und originäre Entfaltung der theologischen Ethik als sinnentwerfende Handlungslehre im Anspruch heutiger Wissenschaftskultur; Öffnung der innertheologischen Fragestellungen für die bedrängenden gesellschaftlichen Probleme der Gegenwart; engagierte Vermittlung von Theorie und Praxis; konsequentes Eintreten für die Freiheit und Selbstverantwortung des Menschen.

Daß dafür dem Nestor der deutschen Moraltheologen die Ehrendoktorwürde eines Dr.phil zugesprochen wird, ist auch die Anerkennung dafür, daß Unzeitgemäßes noch zeitgemäß und rechtzeitig Anerkennung findet. Hierzu spreche ich Dir, lieber Alfons, die herzlichsten Segenswünsche aus.

Ich spreche diese Segens- und Glückwünsche aus als derzeitiger Dekan der Tübinger Katholisch-Theologischen Fakultät, die sich in der Ehrung Deiner Person in gleicher Weise geehrt sieht.

Ich spreche die Segenswünsche des weiteren auch aus als derzeitiger Vorsitzender der Arbeitsgemeinschaft der deutschen Moraltheologen. Das Mühen um das tragfähige Argument christlichen Handelns findet in dieser Ehrung seine Gefährtenschaft.

Nicht zuletzt aber spreche ich die Glückwünsche auch ganz persönlich aus als Nachfolger auf dem Lehrstuhl in Tübingen. Die weiterführende Anstrengung in der Vermittlung von empirischer Sacheinsicht und sinnvoller humaner Lebensführung in der menschlichen Alltagswelt bleibt die verbindende Zieloption über diese Stunde hinaus.

Wie Ehrungen wirken, läßt sich visionär nicht voraussagen, höchstens aus Erfahrung erahnen. Löste schon die Emeritierung Alfons Auers nach seinen Wirkungsperioden in Würzburg und Tübingen eine dritte Schaffensphase aus, so befürchte ich, daß mit der Zäsur des heutigen Tages eine vierte beginnen könnte. Führte schon die Emeritierung nicht zum wohlverdienten Ruhestand, so wird dies sicherlich auch mit dieser Ehrung nicht der Fall sein. Diese Feststellung wäre wohl aus der Perspektive meiner norddeutschen Mentalität gesprochen auch von einem Schwaben, der mit 40 erst die Jugend beendet und für den Aktivität nicht erst theologisch aufgewertet zu werden braucht, kaum zu bezeugen nötig. Alfons Auers theologische Anstrengung wird sich auch weiterhin gegen den Konkurs der Geschichte und der Resignation des Menschen wenden. Seine ethische Rede wird damit auch weiterhin das glaubhafte Wort führen, von dem Hoffnung und Zuversicht in den menschlichen Alltag hinein ausgehen wird. Sein Wort stiftet auf Zukunft hin eine herzlich verbundene, mitfreuende Zeitgenossenschaft für uns alle.

2.5 Text der Ehrenurkunde

Der Fachbereich Katholische Theologie
unter dem Dekanat des Professors der Religionsphilosophie Dr. Hermann Schrödter
und
die Gemeinsame Philosophische Promotionskommission
unter dem Vorsitz des Professors der Kulturanthropologie Dr. Max Matter
der

JOHANN WOLFGANG GOETHE - UNIVERSITÄT

unter der Präsidentschaft von Professor Dr. Klaus Ring

verleihen die Würde eines

DOKTOR DER PHILOSOPHIE EHRENHALBER
DOCTOR PHILOSOPHIAE HONORIS CAUSA

Herrn

Prof. Dr. ALFONS AUER

wegen seiner Verdienste um die Förderung der theologischen Wissenschaft im interdisziplinären Dialog. Ausgehend von den ethischen Problemen der modernen Gesellschaft hat Professor Dr. Alfons Auer schöpferisch und kritisch unter Bestehen auf angemessener Rationalität und Kommunikabilität die ethischen Impulse eines christlichen Sinnhorizonts für das menschliche Handeln neu zu erfassen gelehrt. In seiner Achtung gegenüber anderen wissenschaftlichen Zugängen und theologischen Ansätzen und seiner selbstkritischen Haltung wird seine Ethik des Respekts selbst praktisch. Im Lebenswerk Professor Auers sind Grundlagen formuliert, die weit über den Bereich der christlichen Ethik hinaus für Theologie, Philosophie, die Humanwissenschaften und die Gesellschaft bedeutsam sind. Zugleich hat er die Kirche ethisch bewohnbar gemacht.

Frankfurt am Main, den 21. April 1993

Der Vorsitzende der Gemeinsamen Promotionskommission	Der Dekan des Fachbereichs Katholische Theologie

33

2.6 Prof. Dr. Alfons Auer: Festvortrag
Wie kann Menschsein heute glücken?

Einleitung

Zuallererst darf ich Frau Kollegin Deninger-Polzer sowie allen Herren Kollegen vom Fachbereich Katholische Theologie der Johann Wolfgang Goethe-Universität sehr herzlich danken für die hohe Auszeichnung, die Sie mir mit der heutigen Ehrenpromotion zuteil werden lassen. In diesen Dank schließe ich die in der gemeinsamen Promotionskommission zusammengeschlossenen Fachbereiche mit ein. Mein Dank gilt vor allem Herrn Dekan Schrödter und dem Laudator, meinem lieben Fachkollegen Johannes Hoffmann, denen die Durchführung des Beschlusses beträchtliche Mühsal aufgebürdet hat - zur Begegnung mit sich selbst im blitzblanken Spiegel eines anderen wäre allerhand zu sagen, zumal von einem Menschen aus dem Schwabenland, wo nicht wenige in solchen Situationen einen besonders ungelenken Umgang mit ihrem Gemüt pflegen; auch Herr Wolf sei ausdrücklich bedankt für seinen Dienst der ersten Vermittlung zwischen Frankfurt und Tübingen; schließlich auch die Studierenden, die sich in der Sache ausdrücklich und sehr freundlich zu Wort gemeldet haben, und alle anderen, die zur festlichen Begehung der Auszeichnung beigetragen haben und noch beitragen.

Ich möchte nicht versäumen anzumerken, daß ich die heutige Ehrung innerlich nur annehmen kann in der Überzeugung, daß der hiesige Fachbereich durch diesen Schritt in die Öffentlichkeit alle Vertreter heutiger theologischer Ethik bzw. Moraltheologie ermuntern will, auch weiterhin im Widerstand gegen die resignative Grundstimmung in Gesellschaft und Kirche um mögliche Modelle eines offensiven Ethos menschlicher und christlicher Freiheit unbeirrbar bemüht zu bleiben.

Mit einem herzlichen Willkommensgruß danke ich Ihnen allen, meine Damen und Herren, die Sie dieser Stunde mit Ihrer Anwesenheit erhöhtes Gewicht verleihen - im besonderen der stattlichen Zahl von Kollegen aus Tübingen, die aus einem ungewöhnlich turbulenten

Semesteranfang hierhergekommen sind, aber auch denen aus Brixen, Wien, Tilburg und woher immer sonst, dann den Freundinnen und Freunden nicht nur, aber vor allem aus den Räumen Stuttgart und Tübingen sowie meinen lieben Angehörigen aus einer großen Familie des Schwäbischen Oberlandes. - Es bewegt mich sehr zu erfahren, von wieviel frei entgegengebrachter Solidarität das eigene Leben mitgetragen ist.

Aus Anlaß der heutigen Ehrung bin ich sehr gerne im Kreis von Lehrenden und Studierenden, die in einer Metropole des Kapitals und der Wirtschaft, wo Weltlichkeit sich in höchster Konsistenz präsentiert, in enger Verbindung mit dem Fachbereich Evangelische Theologie Gottes Spuren nachgehen, die sich in allen theologischen Disziplinen für diese Spurensuche immer neu zurüsten und dabei über den unmittelbaren gesellschaftlichen Erfahrungshorizont hinaus auch der interkulturellen Dimension der gegenwärtigen und künftigen Lebenswirklichkeit nachhaltig zugewandt sind. Eine beachtliche Leistung für einen so jungen Fachbereich, der sozusagen ex nihilo arbeitet, in dem das Pluviale einer ehrwürdigen Tradition nicht einmal in einem Schrank verwahrt wird, geschweige denn daß es irgend jemand - wie diskret auch immer - sich über die Schultern hängen dürfte. Ich fühle mich zuinnerst solidarisch mit einer Theologie, die - eingebunden in das geistige Spannungsfeld einer Universität, umzingelt, bedrängt und zugleich unerbittlich herausgefordert von der physischen Präsenz einer säkularen Stadt - ebenso entschlossen wie unaufdringlich zu vermitteln versucht, was vier führende evangelische Pfarrer im Gründungsjahr dieser Universität (1914) "die Erkenntnis der ganzen Wirklichkeit des Lebens" genannt haben.

Es ist aber nicht nur diese Solidarität, die mich mit der gegenwärtigen Theologie an dieser Universität verbindet; es gibt entscheidende Impulse, die aus ihrer Vorgeschichte in mein persönliches Leben eingegangen sind. Als Primaner habe ich mir als erstes Abonnement die "Rhein-Mainische Volkszeitung" geleistet. Über sie fand ich den Zugang zu Ernst Michel, dessen Bücher ich als Student zu lesen begann und dem ich während meiner Vikarszeit im Rahmen der Stuttgarter "Religiösen Bildungsarbeit" mehrfach persönlich begegnet bin;

Peter Reifenberg hat kürzlich in einer umfassenden Dissertation sein gesamtes Lebenswerk dargestellt und diesen engagierten Laientheologen als "Wegbereiter eines personal-existentialen Ethos in relationaler Autonomie" gewürdigt. In enger Verbindung mit Ernst Michel stand besonders während der zwei Jahre seiner Frankfurter Lehrtätigkeit mein eigener Lehrer Theodor Steinbüchel, dessen der hiesige Fachbereich Katholische Theologie vor vier Jahren in einer Akademischen Feier zum 110. Geburtstag und 40. Todestag eindrucksvoll gedachte. Unvergeßlich wie er mir - den nahen Tod nicht vorausahnend - sagte: "Ich gehe, wenn ich gesund bin, nach Frankfurt. Aber wir wollen zusammen noch den 'Sozialismus als sittliche Idee' und das Lehrbuch der Moraltheologie von F.X. Linsenmann (1878) bearbeiten." Ernst Michel und Theodor Steinbüchel, aus größerer Distanz auch Friedrich Dessauer und Walter Dirks, haben mich so stark geprägt, daß ich an diesem Tag mit besonderer Dankbarkeit an ihre Vorarbeit für die heutige Frankfurter Theologie zurückdenke. Ich nenne schließlich noch den Namen Erich Fromm, den ich während meiner frühen Tübinger Jahre gründlich zu studieren begann und dem ich zu seiner großen Freude auch den ersten theologischen Doktoranden zugeführt habe - Herrn Rainer Funk, der später Fromms Werke herausgegeben hat und heute noch in seinem Tübinger Haus das Fromm-Archiv verwaltet.

Nach diesen Versicherungen meiner Solidarität nun aber zu dem Thema, das wir für diesen Anlaß vereinbart haben.

36

Wie kann Menschsein heute glücken?
Theologisch-ethische Wahrheitssuche in einer säkularen Welt

Der Ort, an dem theologisch-ethische Wahrheitssuche sich heute vollzieht, ist "die säkulare Welt" oder einfachhin "die Moderne". Im Zusammenhang unserer Thematik können wir uns nur einige wesentliche Perspektiven dieses komplexen Phänomens vergegenwärtigen.

I. ORTSBESTIMMUNG DER GEGENWART[1]

(1) Die säkulare Gesellschaft

Wenn wir Begriffsgeschichte und soziologische Theorien im Bewußtsein haben, stellen sich bei dem Wort "Moderne" zumindest vier Konnotationen ein: die geistigen Grundkräfte der Aufklärung, die technologisch-ökonomischen Fortschritte, die gesellschaftlichen Umbrüche und schließlich die fortschreitende Säkularisierung.[2] Letztere ist für unsere Überlegungen unmittelbar bedeutsam; doch kann hier nicht ihr Prozeß skizziert, sondern nur dessen Ergebnis festgestellt werden. Im Mittelalter war die Kirche zum "Inberiff der gesellschaftlichen Kultur" (F.-X. Kaufmann) geworden. Ihre Sinndeutung von Welt und Geschichte war praktisch konkurrenzlos; sie konnte sich für die Überlieferung ihrer Glaubensüberzeugung und ihrer Moralvorstellungen aller Sozialisationsmechanismen bedienen. Mit dem Heraufkommen der Moderne in Renaissance und Humanismus setzte dann der Prozeß der Säkularisierung ein, in dem immer mehr weltliche Bereiche sich von der ehedem selbstverständlichen Obhut der Kirche zu lösen begannen - zuerst die Fürsten mit ihrer Politik, dann Wohlfahrt und städtisches Leben, wissenschaftliches Denken und Moral und

---

1 Vgl. besonders Concilium 28 (1992) Dezember, Thematisches Heft: Die Moderne auf dem Prüfstand, und F.-X. Kaufmann, Religion und Modernität. Sozialwissenschaftliche Studien, Tübingen 1989.

2 Vgl. F.-X. Kaufmann, Kirche begreifen - Analysen und Thesen zur gesellschaftlichen Verfassung des Christentums, Freiburg 1979; F.-X. Kaufmann, W. Kerber, P. M. Zulehner, Ethos und Religion bei Führungskräften, München 1986. Zur Situation der jungen Generation vgl. zuletzt H. Barz, Religion ohne Institution, Opladen 1992; ders., Postmoderne Religion. Die junge Generation in den alten Bundesländern, Opladen 1992; G. Schmidtchen, Ethik und Protest. Moralbilder und Wertkonflikte junger Menschen, Opladen 1992.

schließlich das Gewissen des Volkes und sein tägliches Erleben von Freude und Schmerz. Den Kirchen muß es solange schwer fallen, die neue Wirklichkeit anzunehmen, als sie frühere Formen ihrer gesellschaftlichen Selbstdarstellung als die einzig gottgewollten betrachten. Nachhaltige theologische und kirchliche Bemühungen um eine neue Form der Zuwendung zur Welt, wie sie vor allem im II. Vatikanum zur Sprache kamen, konnten sich bis jetzt nicht recht durchsetzen. Niemand weiß so recht, wie es weitergehen soll. Man wird sich wohl mit Analysen und Prognosen anfreunden müssen, wie sie schon K. Rahner immer wieder vorgebracht hat: Wir können den Prozeß der Säkularisierung nicht zum Stehen bringen; wir werden in einer säkularen Welt leben. Noch viel mehr als bisher müssen wir uns für die Eigenstrukturen der sich herausbildenden Weltzivilisation öffnen. Die neuzeitliche Freiheitsgeschichte darf nicht länger nur mit einem negativen Vorzeichen gelesen werden. Kirchen und Theologien müssen zuallererst erkennen und anerkennen, daß die Wirklichkeit der Welt ihr eigenes Gewicht, ihre eigene Struktur, ihre eigene Identität hat. Sie kann in angemessener Weise nicht in allem von christlichen Prinzipien her geformt werden - wie es im mittelalterlichen Ideal einer potestas ecclesiae directa et universalis gedacht wurde.[3]

(2) Die Krise der säkularen Gesellschaft

Nun ist freilich nicht nur die Kirche, sondern auch die Moderne in eine offensichtliche Krise geraten. Die von der Aufklärung über alles gepriesene Vernunft, die eine offene ständig sich erneuernde herrschaftsfreie Weltgesellschaft heraufzuführen versprochen hatte, wurde aufgrund der explosiven Dynamik des wissenschaftlich-technischen Fortschritts in ihrer funktionalistischen Dimension eingeengt. Hier in Frankfurt wurde die Übermächtigung der "kommunikativen" durch die "instrumentelle Vernunft" unter dem Stichwort "Dialektik der Aufklärung" schon seit den dreißiger Jahren analysiert. Der Hamburger Pädagoge H. Peukert hat kürzlich in einem beachtlichen Artikel die Verdienste der "Klassiker der Frankfurter Schule" M. Horkheimer, Th. W. Adorno und J. Habermas - auch an E. Fromm wäre zu erinnern

---

3   Vgl. etwa die Artikel von Karl Rahner über die Zukunft der Kirche, in: Schriften zur Theologie, Bd. 14, 287-432.

- gewürdigt. Daß solche kritischen Analysen der modernen Entwicklung kein akademisches Glasperlenspiel sind, bestätigt der Verfasser, wenn er gegen Ende seines Beitrages schreibt: "Moderne Gesellschaften bedrohen in ihrer Entwicklung inzwischen sich selbst."[4]

Die Bedrohung der Moderne erscheint als Kontrastwirkung höchster technologischer Effektivität. Der ökonomische Aufschwung gefährdet unsere naturalen Lebensgrundlagen. Die Perfektionierung der Informationstechniken schafft nicht nur neue Möglichkeiten der Kommunikation, sondern auch neue Formen von Isolation, Abhängigkeit und fiktionalem Bewußtsein. Die ausufernden administrativen Systeme sind im Begriff, sich zwischen dem Menschen und seiner Lebenswelt selbstzwecklich zu hypostasieren und ihn vielfachen Frustrationen auszuliefern. Man mag an der grundsätzlichen Beherrschbarkeit solcher Gefährdungen festhalten, aber die Zweifel, ob das ethische Potential ausreicht, sind ständig im Wachsen. Die Krise reicht eben weit in die existentielle Dimension hinein. In den Sozialwissenschaften ist die Rede von der Aushöhlung der Verantwortlichkeit und von der Auszehrung der Bindungsfähigkeit. Beides trägt dazu bei, daß auch die Bewältigung der Kontingenz mit voller Wucht auf den isolierten einzelnen fällt. A. Nassehi und G. Weber weisen in ihren Untersuchungen über "Tod, Modernität und Gesellschaft" auf die zunehmende Individualisierung der Todeserfahrung hin: "Noch nie war der Tod so vereinsamend, vernichtend und radikal."[5] Menschliches Dasein kann nun einmal nur wirklich bewältigt werden, wenn seine Zeitgestalt, seine unerbittliche Eingewiesenheit zwischen Gewähr und Entzug, in Freiheit angenommen wird. Es gilt vom Leben insgesamt, was P. Handke in seinem "Versuch über den geglückten Tag" schreibt: "Voraussetzung des Glückens ist das Einverständnis mit der Sterblichkeit."

---

[4] H. Peukert, Philosophische Kritik der Moderne; in: Concilium, a.a.O., 465-471, hier: 470; vgl. die Beiträge von C. Geffré - J. P. Jossua, Für eine theologische Interpretation der Moderne, in: a.a.O., 451-453.
[5] Opladen 1989, 15. Vgl. zum ganzen F.-X. Kaufmann, Modernität und Religion, 255-266.

Man wird sich angesichts der Krise der Moderne an das bekannte Wort von M. Frisch erinnern: "Krisen sind kreative Entwicklungen; man muß ihnen nur den Beigeschmack der Kastastrophe nehmen." Es scheint in der Tat, daß die Menschen die Signale verstehen, daß bei vielen die materiellen Bedürfnisse hinter einer neuen Lebensqualität mit mehr Imagination, Emotionalität und Zärtlichkeit zurücktreten.[6] Man spricht schon vom Epochen- und Paradigmenwechsel, von "postindustriellem Zeitalter" und "Postmoderne". Aber man wird mit guten Gründen die sog. Postmoderne auch als eine Phase der Moderne selbst betrachten dürfen. Man wird es ja zur menschlichen Normalität rechnen müssen, wenn die erstaunlichen Fortschritte der Moderne zunächst eine stürmische Faszinationsphase ausgelöst haben, der nunmehr in dem Maße, als die bedrohlichen Wirkungen blinder Maßlosigkeit zutage treten, eine Phase zunächst der "Ausnüchterung" und dann der entschiedenen Ernüchterung folgt. Es ist jedenfalls an der Zeit zu fragen, wie Menschsein heute glücken kann.

II. THEOLOGISCH-ETHISCHE WAHRHEITSSUCHE IN EINER SÄKULAREN GESELLSCHAFT

(1) Legitimation des Ethischen aus der "Rationalität"

Es versteht sich von selbst, daß philosophische Ethikentwürfe sich rational legitimieren - und zwar auch dann, wenn im einzelnen der voluntativen oder der affektiven Dimension des Sittlichen deutliche Prävalenz zuerkannt wird. Bekanntlich war es auch in der Geschichte der katholischen Moraltheologie und Sozialethik - man denke an die jahrhundertelange Dominanz des Interpretaments "Naturrecht" - weithin um rationale Legitimation des Sittlichen gegangen. Erst in der sog. "Glaubensethik" der letzten Jahrzehnte werden Autonomie und Theonomie als unvereinbar betrachtet. Da heißt es, christliche Ethik hebe sich selbst auf, wenn sie sich nicht von vorneherein aus den Vorgaben des Glaubens begründe und wenn sie in ihren Entwürfen nicht eines der fundamentalen Interpretamente des christlichen Glaubens (Nachfolge Christi, Freiheit in Christus, Gottesherrschaft)

---

6   Vgl. z.B. H. Küng, Religion im Epochenumbruch, in: Ethik & Unterricht 3 (1992) 6-12; ders., Projekt Weltethos, München 1990.

ausdrücklich als "Moralprinzip" deklariere. Demgegenüber strebt etwa das Modell "Autonome Moral im christlichen Kontext" eine kritisch-produktive Auseinandersetzung mit den Tendenzen der neuzeitlichen Freiheitsgeschichte an und entscheidet sich darum - jedenfalls in seiner entschiedensten Form - für einen rationalen Ansatz bei der Legitimation des Ethischen. Dies soll im folgenden verdeutlicht werden.

a)   Der Begriff "Rationalität"

Neuerdings wird der katholisch-theologischen Ethik immer wieder bescheinigt, sie sei in den letzten Jahrzehnten für die philosophischen Bemühungen um eine universale Ethik ein anerkannter Gesprächs-partner gewesen.[7] Der evangelische Ethiker T. Rendtorff sieht speziell in dem "Modell einer Autonomen Ethik im christlichen Kontext" einen weiterführenden Beitrag dazu, "daß sich die katholische Moral-theologie auf breiter Front auf eine Auseinandersetzung mit dem spezifisch neuzeitlichen Freiheitsbegriff einläßt und damit die selbst-genügsamen Grenzen zwischen einer binnenkirchlichen und einer säkularen ethischen Theoriebildung durchbricht."[8]

Das Sittliche wird dem Menschen nicht "von außen" oder "von oben" als Oktroi zugemutet. Es steckt in den Strukturen seines Daseins als "ethisches Implikat" und muß aus ihnen und kann nur aus ihnen erhoben werden. Drei einfache Bestimmungen des Sittlichen machen dies aus verschiedener Sicht deutlich:

-   vom Gesamt der Daseinswirklichkeit her: Das Sittliche artikuliert den Anspruch der Wirklichkeit an die menschliche Person;

-   vom speziell Menschlichen her: Das Sittliche artikuliert die Verbindlichkeit   optimaler   Verwirklichung   konkreten Menschseins;

---

7   Vgl. etwa W. Göbel, Okzidentale Zeit. Die Subjektgeltung des Menschen im Praktischen nach der Entfaltungslogik der Geschichte; ungedr. Manuskript, Tübingen 1992.

8   Strukturen christlicher Ethik in: Handbuch der christlichen Ethik, hrsg. von A. Hertz u.a., Bd. 1, Freiburg-Gütersloh 1978, 199-216, hier 214. Vgl. auch W. Nethöfel, Moraltheologie nach dem Konzil. Personen, Programme, Positionen, Göttingen 1987.

-   beide Aspekte verbinden: "Das Sittliche artikuliert das, was geht"
    (H. Rombach) - nicht freilich was technisch geht, sondern was
    menschlich geht, was gesund und heil und weit macht, was
    Menschsein in je konkreter Lebenswirklichkeit produktiv
    entfaltet, was Vernunft, Freiheit und Solidarität entbindet.

Nun ist der Begriff "Rationalität" vieldeutig. Darauf kann in diesem
Zusammenhang nicht eingegangen werden. Wir sprechen hier jedenfalls nicht nur von jener Vernunft, die menschliches Dasein und
Handeln ausschließlich auf funktionale Zusammenhänge reduziert.
Wir meinen vielmehr "die Vernunft des Ganzen", d.h. jene Rationalität, die man früher als Geiststruktur der Wirklichkeit bezeichnet hat,
also das Gesamt der Sachgesetze, der Sinngehalte und der Verwiesen-
heit, die den konkreten weltlichen Bereichen - von den physikalischen
und biologischen über die logischen und ästhetischen bis zu den personalen und sozialen - innewohnen und die als dynamische Struktur und
Sinngestalt eine fruchtbare menschliche Existenz ermöglichen.
"Moralität" besagt dann, daß Erkundung, Annahme und Durchsetzung
dieser mehrdimensionalen "Rationalität" dem Menschen als sittliche
Grundverbindlichkeit aufgegeben sind. Die Ethik hat immer wieder
neue hermeneutische Methoden entwickelt, mit denen diese Rationalität Zug um Zug ausgekundschaftet und in systematischer Form vorgestellt werden kann.

b) "Autonome Moral" - ein Beispiel aus der gegenwärtigen
    christlichen Ethik

Die ethische These des sog. christlichen Autonomiemodells präsentiert
ein Argumentationsmuster, mit dessen Hilfe man sich auf ethische
Wahrheitssuche einlassen kann. Mit seiner Hilfe kann man
herkömmliche Handlungsweisungen auf ihre wissenschaftliche
Stimmigkeit überprüfen oder für neu auftauchende Problemfelder
Handlungsweisungen in den gesellschaftlichen Diskurs einbringen.
Man spricht hier von einem hermeneutischen Dreischritt: Ehtik kann
zu einsichtigen Urteilen nur in ständigem Dialog mit den Human- und
Sozialwissenschaften und mit der philosophischen Anthropologie
kommen.

Es ist Sache der Human- und Sozialwissenschaften, die menschliche Konstitution und die konkrete Situation von Mensch und Gesellschaft sowie die Grundgesetzlichkeiten des menschlichen Handelns aufzuweisen. Nur auf der Basis ihrer soliden Analyse können Chancen und Grenzen freiheitlicher Selbstentfaltung einsichtig gemacht werden.

Nicht ihre Sache ist es, auch die Orientierung aufzuzeigen, nach der menschliche Selbstverwirklichung auszurichten ist. Die Reflexion auf das spezifisch Menschliche, auf die eigentlichen Sinnverhalte personaler und sozialer Existenz fallen in die authentische Kompetenz der philosophischen Anthropologie. Sie allein kann die von Human- und Sozialwissenschaften erhobenen Daten aus einem ganzheitlich menschlichen Sinnhorizont heraus bewerten und so Ziele und Wege menschlicher Daseinsentfaltung formulieren. Auf der Basis eines bestimmten Vorverständnisses vom Sinn des Menschseins entwickeln human- und sozialwissenschaftliche Analyse und philosophische Reflexion in einem ständigen Wechselspiel je mögliche und hilfreiche Vorstellungen vom Glücken des Menschseins. Erst hier kann die Ethik ansetzen. Sie versucht Erkenntnisse von Human- und Sozialwissenschaften sowie Einsichten von philosophischer Anthropologie "zusammenzuschauen". In solch unentwegter synoptischer Bemühung und nur in ihr erscheinen unverkennbare Dringlichkeiten oder Notwendigkeiten fruchtbaren und erfüllten Menschseins: man stößt auf Mängel, die behoben, auf Möglichkeiten, die genützt werden müssen.

Natürlich bleiben zwischen diesen drei Schritten unaufgehbare Grauzonen. Nichts wäre naiver als zu glauben, man könne sie im optisch eindrucksvollen Paradeschritt logischer Schlußfolgerungen souverän durchschreiten. Es gibt hier nur den mühsamen Weg der "Vermittlung" (W. Kluxen), auf dem traditionelle Vorgaben, geschichtliche Erfahrungen, aktuelle gesellschaftliche Prozesse und je gegebene technologische Möglichkeiten allesamt zugleich zum Tragen kommen müssen. Und es kommen dabei - bewußt oder unbewußt - neben der rationalen Argumentation immer auch andere Erkenntnisweisen ins Spiel: das mitgebrachte naive Vorverständnis, eine vorreflexe Intuition und vielleicht - nach langer Erfahrung - auch noch ein gewisser Instinkt für das menschlich Richtige, der in den unaufhebbaren Grauzonen eine Art Witterung darstellt.[9]

(2) Legitimation des Ethischen aus der Plausibilität

a)   Kritik an der rationalen Legitimation

Die Ethik hat, wie gesagt, durch die Geschichte hindurch immer wieder neue Methoden entwickelt, um die sittliche Vernunft in angemessener Weise zu erheben und in systematischer Form möglichst überzeugend vorzustellen. Dabei war immer die Gefahr gegeben, daß Rationalität der Wirklichkeit mitsamt ihrem sittlichen Anspruch - manchmal vielleicht schon dank der kognitivistischen Virtuosität der Interpreten - in ebenso subtil-abstrakten wie starr-objektivistischen Deutungsmodellen festgeschrieben wurde. Kein Wunder, daß es gegen die rationale Legitimation des Ethischen immer schon Kritik gegeben hat. Es war zunächst eine Kritik aus der Ethik selbst. Sogar gegen Kants hoch renommierte "Metaphysik der Sitten" hat schon Hegel geltend gemacht, eine Moral des reinen Sollens, in der jede Beeinflussung von außen her als Fremdbestimmung gilt, bleibe ohne Kontakt mit der Wirklichkeit und sei darum im Grunde unfruchtbar. Er schreibt: "Die Lorbeeren des bloßen Wollens sind trockene Blätter, die nie gegrünt haben."[10] Dem sei noch das Urteil von W. Dilthey angefügt: "In den Adern des erkennenden Subjekts, das Locke, Hume und Kant konstruieren, rinnt nicht wirkliches Blut, sondern der verdünnte Saft von Vernunft als bloße Denktätigkeit."[11] Nicht besser erging es übrigens rational ansetzenden Entwürfen aus der theologischen Produktion. Die Naturrechtslehre vermochte ihre Position zwar verdientermaßen lange zu halten. Schlecht erging es aber - und das sicher zurecht - der sie deformierenden neuscholastischen Theorie, die eine metaphysische Wesensordnung auf dem Weg der Abstraktion aus dem Empirischen herleitete, um sie dann zur absolut

---

9   Vgl. A. Auer, Autonome Moral und christlicher Glaube, Düsseldorf, 2. Aufl., 1984, 1989.

10   Grundlinien der Philosophie des Rechts, Frankfurt (1821, hier) 1970, § 224, Zusatz.

11   Einleitung in die Geisteswissenschaften (Ges. Schriften Bd. 1) Stuttgart (8. Aufl.) 1979, XVIII.

geltenden Sittennorm zu erheben. Am Ende versank sie lautlos in die Vergangenheit. Der belgische Moraltheologe J. Leclerq meinte von ihr noch in den 50er Jahren: "Die Moraltheologie ist ein majestätisches Gebilde geworden. Man kann sie vielleicht noch bewundern wie einen alten Palast, den man als historisches Denkmal anstaunt, in dem man aber niemals wohnen möchte."[12] Man wird aber daran erinnern dürfen, daß sogar beim "Handbuch der christlichen Ethik", unserem gegenwärtigen Standardwerk, zunächst deutlich angemahnt wurde, "die existentiale Dimension des Ethischen, also die Frage nach dem ethischen Subjekt und damit das Problem des Gewissens, der Grundentscheidung, des Kompromisses und der Schuld sei im grundlegenden ersten Band unerörtert" geblieben.[13]

Doch die Kritik an Normbegründungstheorien, die das Sittliche auf rationaler Argumentation begründen, kam in den letzten Jahren verstärkt auch von der Moralpädagogik. "Vernunftbegründete moralische Urteile - wird gesagt - sind eine notwendige, aber noch keine hinreichende Komponente von Verhaltensweisen, die wahrhaft als moralische bezeichnet werden können."[14] Diese These wurde u.a. am Urteil-Handlungs-Problem konkretisiert. Normtheoretiker können ihre Urteile und normativen Vorgaben ohne ständige Affektation durch die Widerständigkeit konkreter Lebenssituationen erarbeiten und vorstellen. Die zum Handeln gezwungene Person hat damit ihre Schwierigkeiten. Denn "im Fall des 'prallen' Lebens ist (das moralische) Urteil mit allerlei 'Zusatzgewichten' behaftet, die es nach links, nach rechts, nach unten ziehen, ja sogar auszulöschen vermögen."[15] Es ist also im konkreten moralischen Handeln nicht nur die moralische Kompetenz einer Person gefordert, sondern fast immer auch ihre Fähigkeit, verschiedene in einer Situation zusammenfließende Gleichgewichtssysteme auszubalancieren. In den Normtheorien wird diese "existentiale Dimension" nicht hinreichend erörtert und integriert. Das hat zur Folge, daß der einzelne mit seinen

---

[12] Christliche Moral in der Krise der Zeit, Einsiedeln 1954, 9.
[13] Vgl. W. Korff, Nachwort zum 3. Band (1982) 557-566, hier 563.
[14] F. Oser - W. Althof - D. Garz (Hrsg.), Moralische Zugänge zum Menschen - Zugänge zum moralischen Menschen, München 1986, 344 (F. Oser).
[15] F. Oser - W. Althof - D. Garz (Hrsg.), a.a.O. 344.

konkreten Handlungsproblemen sich in der Vorstellung von Normen nicht vorfindet, daß er sich durch die Normtheorien eher hinaus "eskamotiert" fühlt. In der Sprache der Entwicklungspsychologie gesprochen: "Das epistemische Subjekt" läßt dem "empirischen Subjekt" keine Luft zum Leben. Aber die Entwicklungspsychologen sind vorsichtig. Die kognitiven Anstrengungen - sagen sie - dürfen zwar den Kontakt mit den konkreten sozialen Grundtatsachen nicht verlieren, aber "generalisierende und differentielle Erkenntnisse sind nun einmal nicht in einem Arbeitsgang zu haben."[16]

b) Der "Mehrwert" einer Legitimation des Ethischen aus der Plausibilität

Rationalität meint im Sinn der bisherigen Darstellung die sachliche Stimmigkeit sittlicher Urteile, ihre "objektivistische" Richtigkeit. "Plausibilität" bringt demgegenüber doch eher ihre überzeugend sich vermittelnde Einsichtigkeit zum Ausdruck. Es ereignet sich hier eine Verlagerung von der in sich gründenden Rationalität sittlicher Urteile und Normen in Richtung auf ihre Akzeptanz durch den handelnden Menschen. Argumentativ erarbeitete Urteile tauchen in die moralische Selbsterfahrung der Person ein und stoßen dabei auf die auch in dieser Selbsterfahrung implizierte spezifische "Vernunft". Auch eine in sich stimmige moralische Norm kann nie so konkret sein, daß sie das wirkliche "hier" und "jetzt" voll in den Griff bekommt. Nur wer wirklich in der Situation steht, kann den Sollensgehalt der konkreten Situation erfassen. Nur er kann die "veritas vitae" (Thomas von Aquin), die Wahrheit seines unverwechselbaren persönlichen Lebens mitsamt ihrer Anspruchlichkeit erfassen. Was dies für jede Ethik bedeutet, hat F. Paulsen in seiner Kritik an der Kantschen "Metaphysik der Sitten" für die philosophische Ethik formuliert: Eine Lebenslehre für Vernunftwesen sei noch keine Lebenslehre für Erdenbürger, sie habe nichts zu tun "mit dem wirklichen Leben und den in ihm herrschenden Kräften und Verhältnissen, mit der Sitte und der objektiven Sittlichkeit im Gemeinschaftsleben, mit dem Gewissen, das sich durch sie eingebunden fühlt, mit den Gütern und Zielen, die den Willen

---

[16] A.a.O., 340.

anziehen, mit den konkreten Idealen, die ihn formen, mit den Widerständen, die sich ihm entgegenstellen."[17] Was F. Paulsen hier aufzählt, sind Elemente der Plausibilität des Sittlichen, die im Rahmen einer normativen Rationalität nicht voll aufgearbeitet werden können. Das heißt gewiß nicht, daß die Ethik sie einfachhin ausklammert - das hat sie auch bisher nicht getan -, sondern daß die Ethik die Kooperation mit der Moralpädagogik intensivieren soll, die sich mit einzelnen Elementen von Plausibilität seit langem auseinandersetzt.[18]

Gegenüber der Legitimation des Sittlichen aus Rationalität liegt also der "Mehrwert" seiner Legitimation aus Plausibilität in der angemesseneren Bewertung der handelnden Person und ihrer Lebenswirklichkeit. Kurz gesagt: Rationalität allein hat moralisches Handeln noch nicht als Ganzes im Blick; ohne Elemente von Plausibilität gerät sie in Gefahr, die Freiheit des Menschen einzuengen oder gar totalitär zu bedrohen. Plausibilität aber muß Rationalität in sich enthalten, weil sie sonst den Anspruch auf universelle Richtigkeit moralischer Urteile nicht einlösen kann und außerstande ist, "sich eines angemessenen Maßstabs zur Bestimmung moralischer Urteile zu bedienen";[19] hier zerfällt die Wahrheitsfähigkeit des Sittlichen in schrankenlosen subjektivistischen Relativismus. Der "Mehrwert" der Plausibilität gegenüber der Rationalität liegt also darin, daß diese durch jene zugleich begrenzt und ergänzt wird.

---

[17] Immanuel Kant, Sein Leben und seine Lehre, Stuttgart (6. Aufl.) 1920, 290. W. Korff, Wege empirischer Argumentation, in: Handbuch der christlichen Ethik, Bd. I, 83-107, hier 83f, stellt über den transzendental-anthropologischen und den analytischen Argumentationsansatz hinaus die spezifisch empirische Frage nach der materialen Bedingungslogik menschlichen Seinkönnens und menschlicher Verwirklichung ... "Der gesamte Kontext naturaler, sozialer und geschichtlicher Bedingungszusammenhänge, aus denen sittliches Handeln konkret erwächst und durch den ihm erst inhaltliche Bestimmtheit und materiale Unbeliebigkeit zukommen, bleibt dort außer Betracht."

[18] Wie fruchtbar solche Kooperation sein kann, haben G. Stachel - D. Mieth mit ihren Ausführungen eindrucksvoll bewiesen: Ethisch handeln lernen. Zu Konzeption und Inhalt ethischer Erziehung, Zürich 1978. Vgl. auch A. Auer, A. Biesinger, H. Gutschera (Hrsg.), Moralerziehung im Religionsunterricht, Freiburg-Basel-Wien 1975, und J. Hoffmann, Moraltheologie und moralpädagogische Grundlegung. Moralpädagogik, Bd. 1, Düsseldorf 1.Aufl. 1979.

[19] F. Oser u.a. (Hrsg.) Moralische Zugänge, 339.

Die Fragestellung ist schließlich noch im Hinblick auf unser Thema "Theologisch-ethische Wahrheitssuche" zu spezifizieren: Was erbringt eine Legitimation des Ethischen aus der christlichen Botschaft und wie steht es in diesem Kontext um Rationalität und Plausibilität als Begründungs- und Gestaltungselemente ethischer Urteile und Normen?

(3) Legitimation des Ethischen aus der christlichen Botschaft

Es gibt in der katholisch-theologischen Ethik verschiedene Modelle, die sich von der Autonomie des Sittlichen her begründen. F. Böckle etwa geht aus von der christlichen Liebe als Moralprinzip, vertritt aber deren Konkretion vom Autonomiegedanken her; in ähnlicher Weise verhält es sich bei J. Fuchs, nur daß er als Moralprinzip statt der christlichen Liebe die christliche Intentionalität einführt. Hier soll aus hermeneutischen Gründen die Autonomie-Vorstellung noch entschiedener zugrundegelegt werden. (1) Der radikale Ansatz bei der Autonomie-Vorstellung ist wissenschaftstheoretisch angemessen; die sittliche Aussage ist in einer säkularen Gesellschaft nur kommunikabel, wenn sie zunächst auch ohne christliche Implikationen und Letztbegründungen artikuliert werden kann. (2) Der Ansatz ist von höchster aktueller Dringlichkeit; ohne ihn kommt es zu keinem gesellschaftlichen Konsens und zu keinem gemeinsamen Handeln in den ständig andrängenden und immer gewichtiger werdenden sozial-ethischen Entscheidungen. (3) Der Ansatz liegt schließlich auch im Interesse der christlichen Theologien und Kirchen; nur auf diesem Weg kann jene Basis an Glaubwürdigkeit, Vertrauen und Dialogbereitschaft hergestellt werden, auf der schließlich in die unvermeidlichen Aporien aller Formen von "totalem Humanismus" (G. Mann) hinein die christliche Botschaft als tragfähiges Sinnangebot eingebracht werden kann. - Aber welchen Zugewinn bringt denn nun die christliche Botschaft für Begründung und Ausgestaltung eines autonom menschlichen Ethos?

a) Zugewinne aus der christlichen Botschaft für die Ausgestaltung eines autonom menschlichen Ethos

Erstens: Aus der christlichen Botschaft ergibt sich ein neues durch Christi Tod und Auferstehung begründetes Gesamtverständnis der menschlichen und welthaften Wirklichkeit: Sie ist dem Menschen geschenkte und seiner Verantwortung aufgegebene Wirklichkeit. Die Hl. Schrift weist an vielen Stellen auf, wie sich dieses Verständnis als konkrete Motivation auswirkt (Glaube, Hoffnung, Liebe, Wachsamkeit, Dankbarkeit u.a.). Authentische Menschen- und Weltliebe wird dadurch nicht ausgehöhlt, sondern zu entschiedenstem Engagement befähigt und verpflichtet.

Zweitens: Aus der christlichen Botschaft ergeben sich auch für die Findung des menschlich Richtigen eindeutige Effekte. Das aus dem Glauben sich ergebende Verständnis menschlicher Würde fließt als tragende Wertvorstellung in jenen andauernden Suchprozeß ein, in dem sich Christen wie alle anderen und mit allen anderen um Handlungsmuster für ein sinnvolles Leben bemühen. Ihr Glaube ordnet ihre Bemühungen auf ein alle Vernunft umgreifendes und zugleich überbietendes Ziel hin: Dies ist der integrierende Effekt der Botschaft Jesu. - Der Christ ist außerdem befähigt, alle in der Gesellschaft gelebten und gelehrten Konzeptionen menschlicher Daseinsgestaltung mit dem Evangelium zu konfrontieren; mit diesem kritischen Effekt kann er bei Fehlentwicklungen die Selbstkorrektur, die zumeist schon durch vernünftige Kräfte in der Gesellschaft selbst in Gang kommt, stärken und sichern. Schließlich hindert der stimulierende Effekt der christlichen Botschaft den Glaubenden, sich mit minima moralia zufriedenzugeben; er drängt ihn fortwährend, sich an den hochethischen Weisungen des Evangeliums zu orientieren. - Es ist die Aufgabe einer christlichen Ethik, diesen dreifachen Effekt in den Prozeß der gesellschaftlich-sittlichen Bewußtseinsbildung einzubringen, nicht aber den Versuch zu machen, aus dem christlichen Glauben selbst durch Explikationen oder Konklusionen oder wie immer sonst material-ethische Weisungen für die verschiedenen Lebensbereiche hervorzubringen.

Drittens: Wenn die Erkundung von Prinzipien und Normen in die authentische Kompetenz der gesellschaftlich-geschichtlichen Vernunft fällt, dann kann auch die authentische Funktion eines kirchlichen

Lehramts, wie die einer theologischen Ethik "nur" darin liegen, in den ständigen Prozeß der Bildung und Mißbildung des sittlichen Bewußtseins auch einer sich als säkular verstehenden Gesellschaft unablässig und nachhaltig den integrierenden, kritisierenden und stimulierenden Effekt der christlichen Botschaft einzubringen. Dies bedeutet keine Abdankung von Kirche und Theologie im Bereich des Sittlichen. Die Zurücknahme einer überzogenen Kompetenz wird vielmehr dazu führen, daß der originäre Sinn der christlichen Kirchen neu und unverstellt hervortreten kann. Kirchen sind nicht primär "moralische Anstalten", sondern in die Geschichte hinein institutionalisierte Glaubensgemeinschaften.

b) Einlösung des neuzeitlichen Anliegens der Rationalität

Wie steht es nun in diesem christlichen Sinnhorizont mit Rationalität und Plausibilität als Begründungs- und Gestaltungselementen für die Entwicklung ethischer Modelle? Auch entschiedenste Christlichkeit kann also von Rationalität und damit von der Einlösung eines fundamentalen neuzeitlichen Grundwertes nicht absehen. Die Verbindlichkeit ethischer Normen ist in ihrer argumentativ aufweisbaren sachlichen Richtigkeit und nicht in der sie urgierenden Autorität begründet. Gerade die katholische Kirche hat in ihrer nachhaltigen geschichtlichen Favorisierung der Naturrechtslehre letztlich für die Wahrheitsfähigkeit sittlicher Urteile optiert. Heute erkennen wir die Grenzen dieses Interpretaments "Natur": Es impliziert die Tendenz, sich auf die physiologisch-biologische Natur einzugrenzen und damit menschliche Personalität und Geschichtlichkeit auszugrenzen. Unsere leidige katholische Diskussion über Empfängnisregelung zeigt freilich, daß das kirchliche Lehramt und eine Reihe von Theologen immer noch an letztlich naturalistischen Positionen wie an absoluten Wahrheiten festhalten. Der Konzilskommentator J. Ratzinger hat es vor 35 Jahren noch für rühmenswert gehalten, daß das Konzil die beiden aus dem stoischen Erbe stammenden Kategorien, die für die kirchliche und theologische Tradition bestimmend gewesen waren, abgestoßen hat: die Kategorie des "Zwecks" im Kontext des Menschen als Gattungswesen und die Kategorie des "secundum naturam" als Letztinstanz. Man kann es nicht präziser sagen, als er es gesagt hat: "Weder die Redeweise vom Erstzweck der Kindererzeugung noch diejenige vom ehelichen Ethos 'gemäß der Natur' taucht (in der Pastoralkonstitution) auf. In dieser mit großer Mühe erstrittenen Eliminierung der antiken Deutungskategorien (sic!) zeichnet sich wohl die durchgreifende Wende des ethischen Ansatzes gegenüber der äußeren Form der bisherigen Tradition mit besonderer Deutlichkeit ab. Der generativen Betrachtung tritt die personale entgegen."[20] Aber schon in Art. 51 von "Gaudium et Spes" haben sich die als überwunden proklamierten "stoischen Deutungskategorien" als jedenfalls vorerst unüberwindliche Barrieren erwiesen. Noch im neuen Römischen Katechismus findet sich die alte Formel, daß jede sog. künstliche Form der Empfängnisregelung als in se malum zu bewerten sei. Man sollte wirklich begreifen, daß "Deutungskategorien" Interpretamente sind, die ihren Dienst auf Zeit versehen und möglicherweise irgendwann nicht mehr in der Lage sind, den Anspruch der Wirklichkeit an die menschliche Person angemessen zum Ausdruck zu bringen. Ihr Festhalten über die Zeit hinaus behindert die rationale Bewältigung der moralischen Probleme. Doch zeigt sich an diesem Beispiel, daß moralische Rationalität wie im Leben eines einzelnen so auch im Leben einer Glaubensgemeinschaft nicht als isolierte Größe gelten kann, sondern - wie schon gesagt - mit allerlei "Zusatzgewichten" (F. Oser) behaftet ist, die sie nicht unerheblich behindern oder auch fördern können.

c)   Elemente von Plausibilität

Damit tritt auch hier über die Rationalität des Sittlichen hinaus jenes Umfeld von Plausibilitäten in den Blick, aus dem heraus die Theologie und vor allem die Kirche als Instanzen der Vermittlung von Heil und einer auf Heil hin zielenden Lebensorientierung in Erscheinung treten. Trauen die Menschen den Kirchen zu, daß diese nicht nur für die Verbindlichkeit objektivistischer dogmatischer und moralischer Festlegungen streiten, sondern ebenso entschieden auch für die "veritas vitae", für jene Vernunft, die auch der säkulare Mensch in

---

[20]   J. Ratzinger, Die letzte Sitzungsperiode des Konzils, Köln 1966, 52f.

seiner persönlichen Lebenswirklichkeit vorzufinden meint und gewiß auch oft vorfindet und durch deren herkömmliche kirchliche und oft auch gesellschaftliche Mißachtung er sich ja auf seine säkularistische bzw. individualistische Position verdrängt fühlt? Es gibt etliche Elemente, die sein Zutrauen ermuntern könnten.

Erstens: Es ist durchgängige Lehre der Moraltheologie, daß das Gewissen als der eigentliche Hüter der personalen Identität letzte und höchste Instanz der sittlichen Entscheidung ist. Jedermann weiß, wieviel Schindluder mit dem Gewissen getrieben wird und wie wenig man ihm trauen darf, wenn es nicht von der veritas vitae her geformt ist. Aber es gibt keine Alternative. Auch J. Ratzinger hat in seiner Auslegung der Konzilsdokumente das Gewissen im Anschluß an Kardinal Newman als "die innere Ergänzung und Begrenzung des Prinzips Kirche" bezeichnet.[21] Das ist wichtig: Wie das objektive Prinzip Kirche wird auch die moralische Norm als Ausdruck der Rationalität des Sittlichen durch das Gewissen als das wichtigste Element seiner Plausibilität zugleich begrenzt und ergänzt. Wenn es stimmen sollte, daß die erwartete Moralenzyklika gegenüber herkömmlichen verengenden lehramtlichen Äußerungen eine entschiedene Aufwertung des Gewissens vornehmen wird, könnte der härteste Widerstand gegen eine kirchlich-theologische Vermittlung von moralischen Orientierungsangeboten an die säkulare Gesellschaft sich zu lockern beginnen. Der französische Soziologe und Katholizismusforscher E. Poulat hat recht, wenn er die Kardinalfrage in der Auseinandersetzung zwischen Kirchen und moderner Welt so formuliert: "Sind die Christen bereit, im Namen der Moderne zuzugestehen, daß das Gewissen souverän, autonom und in letzter Hinsicht selbstursprünglich ist, daß ihm eine eigene Autorität und damit gesetzgebende Kraft zukommt?"[22]

---

[21] Zur Auslegung der Pastoralkonstitution vgl. Lexikon für Theologie und Kirche, Konzilsband III, 323f. Vgl. auch A. Auer, Der Rat als Quelle des Sittlichen, ungedr. Referat (Weingarten).

[22] Katholizismus und Moderne. Der Prozeß wechselseitigen Ausschlusses, in: Concilium 28 (1992) 460-464, hier 464.

Zweitens: Es gibt deutliche Anzeichen dafür, daß die Katholische Kirche, ohne ihre institutionelle Verfaßtheit in Frage zu stellen, sich zunehmend stärker als Communio versteht. Diese Entwicklung impliziert auch den Wandel von einem einseitig monologischen zu einem mehr dialogischen Selbstverständnis des Lehramts. Natürlich werden Gewöhnungseffekte, historisch gewordene Trägheit und als Besorgtheit einherschreitender Wille zur Macht sich solchem Wandel widersetzen. Aber auch sie werden alle in nicht zu ferner Zeit in eine Phase der Ermüdung und des Überdrusses geraten. In einer sich als Communio verstehenden Kirche wird der Prozeß der sittlichen Wahrheitsfindung sich verändern. Der Bochumer Fundamentaltheologe H. J. Pottmeyer hat ihn in einem Gespräch zwischen Bischöfen und theologischen Ethikern folgendermaßen charakterisiert: "Träger der Wahrheitsfindung ist nicht allein das Lehramt, die Kriterien sind nicht allein die des Glaubens, die entsprechenden Einsichten und Aussagen, zu denen man findet, sind mannigfach bedingt und deshalb in vielen Fällen nicht endgültig ... Lehrende und Lernende (sind) nicht mehr so streng geschieden, die Lehrenden müssen ihre Lehre verantworten, zur Wahrheitsfindung bedarf es des Zusammenspiels verschiedener Kompetenzen, gelernt wird auf dem Weg der Überzeugung. Einheit ist das Ergebnis gemeinsamer Überzeugung und Verantwortung."[23] Eine solche Entwicklung, wenn sie sich in einem angemessenen institutionellen Rahmen vollzieht, würde auf die Dauer ein spezifisch katholisches Grundübel beseitigen, das sich vor allem in der Sexualmoral auswirkt, nämlich die Diastase zwischen der normativen Kompetenz zölibatärer Amtsträger und der Erfahrungskompetenz verheirateter Laien (D. Mieth). Dann könnte Erfahrung sich in der Tat als wichtigste Quelle der sittlichen Erkenntnis ausweisen.

Drittens: Ein weiteres Element von Plausibilität ist darin zu sehen, daß man sich heute in der theologisch-ethischen Reflexion wie in der praktischen Moralerziehung weniger von der Weitergabe von Normen als pauschalen Kurzformeln des Sittlichen und mehr von der

---

[23] Fundamentaltheologische Bemerkungen zur innerkirchlichen Spannung zwischen Bischöfen und Moraltheologen - ungedr. Manuskript.

53

Darstellung sittlicher Inhalte in erfahrbaren Sinngestalten oder symbolischen Repräsentanzen verspricht. Die menschlichen Grundwerte entwickeln vor allem für junge Menschen ihre Faszination erst dann, wenn sie sich in lebendigen Vorbildern, in literarischen Modellen, in ethischen Grundmustern und schließlich in ansprechenden Symbolen präsentieren. Symbole zumal (Beispiele aus dem weltlichen und dem kirchlichen Bereich: Kaiserkrone, Trikolore - Sakramente, Dekalog, vor allem die Gestalt Jesu) vermögen sowohl die soziale Vermittlung wie die letzte Begründung einer Humanitätsvorstellung im Bewußtsein viel eindrucksvoller zu aktuieren als jede doktrinäre Unterweisung, so unverzichtbar diese gewiß ist. Auch literarische Modelle, die D. Mieth als "prozessuale Erfahrungsgestalten" vorgestellt hat, erreichen naturgemäß vor allem junge Menschen leichter als die abgehoben objektivistisch empfundenen "statischen Ordnungsgestalten" moralischer Normen.[24]

Viertens: Schließlich bedeutet Kirche als Communio auch eine Einladung an heutige Menschen, ihre individualistische Isolation aufzugeben und sich in Überzeugungsgemeinschaften einzubinden, wie sie sich im gesellschaftlichen und kirchlichen Bereich entwickeln. Nur in gemeinschaftlicher Einbindung wird die aus einer pluralen Öffentlichkeit ständig aufdrängende Vielfalt von Richtigkeiten und Verwirrungen aufgefangen, gefiltert und auf das Ganze des Daseins hin gedeutet. Soziale Isolierung gefährdet die seelische Gesundheit und die geistige Standfestigkeit; echte Überzeugungsgemeinschaften manipulieren nicht, sondern erwecken, begleiten und animieren zu Spontaneität und Beständigkeit.[25]

---

[24] Vgl. D. Mieth, Epik und Ethik. Eine theologisch-ethische Interpretation der Josephsromane Thomas Manns (Studien zur deutschen Literatur, Bd. 29), hrsg. von W. Barner u. a., Tübingen 1976. Vgl. auch A. Auer, Zeitlose Ordnung oder verantwortliche Gestaltung. Zur ethischen Diskussion über Sexualität und Ehe, in: Öffnung zum Heute. Die Kirche nach dem Konzil, hrsg. von U. Struppe und J. Weismayer, Innsbruck-Wien 1991, 77-108.

[25] H. Peukert, Philosophische Kritik der Moderne, in: Concilium 28(1992) 465-471, hier 470, plädiert nach der Auflösung traditioneller Strukturen für den "Aufbau einer kommunikativen Welt auf einem neuen Niveau von Bewußtsein": "Moderne Gesellschaften bedrohen inzwischen sich selbst. Soll dies nicht zu Eskapismus aus der Situation oder zu autoritären oder gar totalitären Reaktionen führen, sind neue Organe gesellschaftlicher

In der einschlägigen Literatur wird dies immer wieder durch etymologische Hinweise verdeutlicht. Das Fremdwort "Ethos" wird vom Griechischen hergeleitet. Hier gibt es zwei Wörter ähnlichen Klanges - "ethos" mit dem Buchstaben Epsilon (offenes e) beginnend, und "ethos", das mit dem Buchstaben Äta (dem deutschen ä ähnlich) beginnt. Ethos mit Epsilon hat Bedeutungen wie Gewohnheit, Sitte, Brauch, Gesetz u.a. Neuerdings wendet sich die Aufmerksamkeit verstärkt dem griechischen "ethos" mit Äta zu. Dessen ursprüngliche Bedeutung meint "jemandes Aufenthalt", also für das Vieh die Weide, für die Sterne den Himmel, für den Menschen aber jenen tragenden Daseinssinn, in dem er als Mensch Stand und Außenhalt hat, kraft dessen er Mensch ist. Es ist sicher von beachtlicher Aussagekraft, daß das deutsche Wort Sittlichkeit/Sitte auf die indogermanische Wurzel suedh zurückgeht, die ihrem ursprünglichen Gehalt nach ebenfalls Aufenthaltsort oder Heimstätte bedeutet. Die beiden Worte Ethos und Sittlichkeit meinen also, wenn man sie von ihrer ursprünglichen Bedeutung her versteht, nicht ein Sammelsurium von Normen, Gewohnheiten und Gesetzen, sondern eben das Gesamt der Verbindlichkeiten, die sich für den Menschen zwingend ergeben, wenn er als Person in seinem naturalen und sozialen Lebensraum zu einer geglückten und erfüllten Existenz kommen soll. Sie umschließen alles, was "menschliches Zusammenleben ermöglicht, was den Zustand des Geordneten, Vertrauten, Gewohnten, Haltgebenden, Überschaubaren, Selbstverständlichen, allgemein Geübten und gemeinsam Verantworteten herstellt."[26]

Zum Stichwort "Einbindung in Überzeugungsgemeinschaften" ein abschließender Hinweis. Der bekannte Historiker Arno Borst, der seit 1970 in Konstanz lehrt, hat kürzlich seine "Gesammelten Streifzüge durch die Geschichte der (Bodensee-)Region" veröffentlicht. Er schreibt: "Der unberechenbaren Geschichte begegneten am Bodensee seit dem frühen Mittelalter immer nur Notgemeinschaften der Bedrohten auf Sichtweite; sie waren gegen plötzliches Erwachen aus

---

Selbstwahrnehmung und gemeinsamer Entscheidungsfindung notwendig. Das erfordert tiefgreifende individuelle und kollektive Lernprozesse ...".
[26] W. Korff, Theologische Ethik. Eine Einführung, Freiburg-Basel-Wien 1975, 49.

langgehegten Illusionen meistens gefeit. In der europäischen Neuzeit häuften sich mit wachsendem Fortschrittsglauben auch katastrophale Rückschläge." Und er fügt im Blick auf die globalen Umbrüche von 1989 hinzu: "Wer jetzt gelähmt liegen bleibt, verabschiedet sich von der Notgemeinschaft auf Sichtweite, die fortan die ganze Welt umfassen muß. Sie kann aus der Vergangenheit nichts Voraussagbares lernen, lediglich dies, daß sie die Zukunft nur durch Sammlung und Austausch all ihrer Erfahrungen bestehen wird, durch weitere 'Ritte über den Bodensee' mit unermüdlicher Vor-Sicht und Rück-Sicht."[27]

Auch Theologische Ethik kann nur "auf Sichtweite" denken. Aber ihr Auftrag ist eindeutig. Nach dem englischen Religionsphilosophen Friedrich von Hügel, der in der Zeit des Anti-Modernismus den damals sehr unansehnlichen Übertritt zur katholischen Kirche vollzogen hat, ist es die wichtigste Aufgabe jedes katholischen Christen, darum besorgt zu sein, daß die Kirche auch für den heutigen Menschen intellektuell, ästhetisch und ethisch bewohnbar bleibt. "Einbindung in Überzeugungsgemeinschaften" bedeutet für uns nicht den Rückzug in ein Ghetto, sondern die Gewährleistung eines tragfähigen Fundaments für eine offensive Begegnung mit der säkularen Gesellschaft.

---

[27] A. Borst, Ritte über den Bodensee. Rückblick auf mittelalterliche Bewegungen, Botighofen 1992, 9f.

3. Verzeichnis der Schriften

Das Verzeichnis richtet sich nach der von Auer selbst geführten Publikationsliste. Titel 1-127 sind identisch mit dem in der Auer - Festschrift erschienen Schriftverzeichnis. Titel 128-207 sind identisch mit der in der Dissertation von Hans Hirschi veröffentlichten Bibliographie. Titel 208-215 wurden ergänzt.

I. Besorgte Ausgaben

(1) Theodor Steinbüchel, Sozialismus, Tübingen 1950.

(2) Theodor Steinbüchel, Vom Menschenbild des christlichen Mittelalters. Tübingen 1951.

1. Grundzüge des christlichen Ethos nach F.X. Linsenmann. Tübinger Dissertation aus dem Jahr 1947 (nicht veröffentlicht).

II. Selbständig erschienene Schriften

2. Zum christlichen Verständnis der Berufsarbeit, nach Thomas von Aquin und Martin Luther. (Beiträge zur Begegnung von Kirche und Welt, hrsg. von der Akademie der Diözese Rottenburg, Heft 8), Rottenburg 1953; nachgedruckt in: Lebendiges Zeugnis (1959) Heft 2, 25-44.

3. Zur Problematik der Gewinnbeteiligung. (Beiträge zur Begegnung von Kirche und Welt, hrsg. von der Akademie der Diözese Rottenburg, Heft 9), Rottenburg 1953.

4. Die vollkommene Frömmigkeit des Christen, nach dem Enchiridion militis Christiani des Erasmus von Rotterdam, Düsseldorf 1954.

5. Weltoffener Christ. Grundsätzliches und Geschichtliches zur Laienfrömmigkeit, Düsseldorf 1969, 21962, 31963, 41966. Spanische Ausgabe: Christiano de cara la mundo (diakonia 4), Estella 1964. Niederländische Ausgabe: Als christen open voor de wereld, Kasterlee 1964. Englische Ausgabe: Open to the world. Dublin 1966. Italienische Ausgabe: Il christiano aperto al muno, Torino 1967.

6. Christsein im Beruf. Grundsätzliches und Geschichtliches zum Berufsethos, Düsseldorf 1966. Spanische Ausgabe: El christiano

en la profesión (Bibliotheca Herder, Sección de Theologia y Philosophia, Vol. 126), Barcelona 1970.

7. Autonome Moral und christlicher Glaube (Patmos-paperbacks), Düssledorf 1971, 21984, 31989. Niederländische Ausgabe: Autonome moraal en christeliijk geloof, Antwerpen/Utrecht 1973. Italienische Ausgabe: Morale autonoma e fede christiana, Prefazione di S. Bastianel (Editioni Paoline s.t.l.) Torino 1991.

8. Ethos der Freizeit (Schriftenreihe der Deutschen Gesellschaft für Freizeit, Düsseldorf, Niederkasseler Str. 16), Düsseldorf 1972. Kurzfassung in Diakonia 5 (1974) 96-101.

9. Der Mensch und seine Zukunft. Zur Diskussion über "Lebensqualität", Rottenburg 1975 (Privatdruck). Neudruck unter dem Titel: Utopie - Technologie - Lebensqualität (Theologische Meditationen, hrsg. von H.Küng, Bd. 38), Zürich-Einsiedeln-Köln 1976; Kurzfassung in: Renovatio 32 (1976) 32-36.

9a. Ethische Normen. Das christliche Proprium (Bensberger Protokolle Nr. 29) Bensberg 1980.

9b. Umweltethik. Ein theologischer Beitrag zur ökologischen Diskussion, Düsseldorf 1984, 21985, 31989. Vorabdruck "Anthropozentrik der Welt", in: Herder-Korrespondenz 38 (1978) 414-420. Italienische Ausgabe: Etica dell'ambiente. Un contributo teologico al dibattito ecologico, Brescia 1988.

9c. Gestaltwandel des Katholizismus, "Kleine Reihe" der Akademie der Diözese Rottenburg-Stuttgart 1987.

III. Beiträge zu Sammelwerken und Zeitschriften

10. Gesetz und Freiheit im Verhältnis von Gott und Mensch bei F.X. Linsenmann, in: Der Mensch vor Gott. Festschrift zum 60. Geburtstag von Th. Steinbüchel, hrsg. von Ph. Weindel und R. Hofmann, Düsseldorf 1948, 246-263.

11. G. Manetti und Pico della Mirandola:. De hominis dignitate, in: Vitae et veritati. Festgabe für K. Adam, Düsseldorf 1956, 83-102

12. Profanes Fachwissen und christlicher Glaube, in: Lebendige Seelsorge 9 (1958) 152-157.

13. Zur theologischen Grundlegung einer christlichen Laienfrömmigkeit, in: Verkündigung und Glaube. Festgabe für

F.X. Arnold, hrsg. von Th. Filthaut und J.A. Jungmann, Freiburg 1958, 307-326.

14. Irrtümer der Sündenmystik und der Situationsethik, in: Hochland 51 (1958/59), 273-278.

15. Anliegen heutiger Moraltheologie, in: Theologische Quartalschrift 138 (1958) 275-306.

16. Die Versuchlichkeit der Kirche, in: Kritik an der Kirche, hrsg. von H.J. Schultz, Stuttgart-Olten 1958, 54-64.

17. Eid und Gelöbnis in der Deutschen Bundeswehr, in: Militärseelsorge 4 (1958/59) 163-190; Nachdruck a.a.O. 8 (1966/67). Übersetzt ins Niederländische.

18. Wandlungen der Frömmigkeit, in: Frömmigkeit in einer weltlichen Welt, hrsg. von H.J. Schultz, Stuttgart-Olten-Freiburg 1959, 14-27.

19. Eucharistie als Weg der Welt in der Erfüllung. Von der Bedeutung des eucharistischen Mysteriums für die christliche Laienfrömmigkeit, in: Geist und Leben 33 (1960) 192-206; nachgedruckt in: Österreichisches Klerusblatt 97 (1964) 282-284.

20. Talismann und Horoskop, in: gehört - gelesen. Die interessantesten Sendungen des Bayrischen Rundfunks 8 (1961) 1145-1153.

21. Der moderne Atheismus und die Seelsorge, in: Anima 16 (1961) 105-113; nachgedruckt in: Klerusblatt (München) 42 (1962) 37-40.

22. Ehe, in: Handbuch der theologischen Grundbegriffe, hrsg. von H. Fries, München 1962, Band I, 241-251.

23. Geschlechtlichkeit, in: Handbuch der theologischen Grundbegriffe, hrsg. von H. Fries, München 1962, Band I, 498-506; nachgedruckt in: Wort und Sakrament, hrsg. von H. Fries, München 1966, 226-242.

24. Jungfräulichkeit, in: Handbuch der theologischen Grundbegriffe, hrsg. von H. Fries, München 1962, Band I, 771-777.

25. Nachfolge (geschichtlich), in: Handbuch der theologischen Grundbegriffe, hrsg. von H. Fries, München 1962, Band II, 207-211.

26. Kirche und Welt, in: Mysterium Kirche in der Sicht der theologischen Disziplinen, hrsg. von F. Holböck und Th. Sartory, Salzburg 1962, Band II, 479-570.

27. Diakonat und Zölibat, in: Diaconia in Christo. Über die Erneuerung des Diakonates, hrsg. von K. Rahner und H. Vorgrimler (Quaestiones disputatae, hrsg. von K. Rahner und H. Schlier, Band 15/16), Freiburg 1962, 325-339.

28. Vom Sinn des Zölibats, in: Priesterlicher Lebensstil in der Gegenwart, Würzburg 1962, 119-166; 21965; nachgedruckt unter dem Titel, "The meaning of celibacy" in: The Furrow 18 (1976) 299-321, und in: Auer-Egenter-O'Connor, Celibacy and Virginity (Logos-Books), Dublin and Sydney 1968, 46-82.

29. Wer braucht den Kirchenfunk? Theologische Besinnung über seine Bedeutung für Rundfunk, Fernsehen und Kirche, in: Hören und Sehen (6. Beiheft zu dem Werkbuch Becker-Siegel: Rundfunk und Fernsehen im Blick der Kirche), Freiburg 1962, 33-54.

23. Theologie der irdischen Wirklichkeiten, in: Tübinger Forschungen 1961 (Beilage Nr. 17 zum Schwäbischen Tagblatt); nachgedruckt in: Universitas 17 (1962) 877-888 und in: Führung und Bildung in der heutigen Welt. Festschrift für K.G. Kiesinger, Stuttgart 1964, 200-209.

31. Das Gewissen als Mitte der personalen Existenz, in: Das Gewissen als freiheitliches Ordnungsprinzip (Studien und Berichte der Kath. Akademie in Bayern, hrsg. von K. Forster, Heft 18), Würzburg 1962, 37-59; nachgedruckt in: Universitas 19 (1964) 405-411.

32. Pansexualismus, Moral und Seelsorge, in: Anima 18 (1963) 109-118.

33. Die Familie - Stätte sittlicher Bildung, in: Die Förderung der Familie als Aufgabe der Gesundheitspolitik. Kongreßbericht 1962 der Deutschen Zentrale für Volksgesundheitspflege, Frankfurt 1963, 16-28; nachgedruckt in: Bayrisches Ärzteblatt (1963) Heft 3, 1-6 und (etwas verändert) in: Handbuch der Sozialerziehung, Freiburg 1964, Band II, 35-42.

34. Zur Theologie der Familie, in: Arzt und Christ 9 (1963) 186-198.

35. Das Musische im Lichte der Theologie, in: Quantität und Qualität in der deutschen Musikerziehung. Vorträge der

5. Bundesschulmusikwoche 1963, hrsg. von E. Krais, Mainz 1963, 32-51; nachgedruckt in: Die Schulwarte 17 (1964); gekürzte Fassung: Der spielende Mensch, in: Der bunte Wagen (1971) Heft 2/3, 140-143; umgearbeitete Fassung: Der spielende Mensch, in: Hirschberg. Monatsschrift des Bundes Neudeutschland 17 (1964) 210-215.

36. Die kirchliche Weltaufgabe des Christen (Theologie des Laientums), in: Wahrheit und Zeugnis. Aktuelle Themen der Gegenwart in theologischer Sicht, hrsg. von M. Schmaus und A. Läpple, Düsseldorf 1964, 512-522.

37. Gestaltwandel des christlichen Weltverständnisses, in: Gott und Welt, Festgabe für K. Rahner, hrsg. von J.B. Metz, W. Kern, A. Darlapp und H. Vorgrimler, Freiburg-Basel-Wien 1964, Band I, 333-365, Übersetzt ins Englische und ins Niederländische.

38. Theologische Aufwertung des tätigen Lebens, in: Moral zwischen Anspruch und Verantwortung. Festschrift für W. Schöllgen, hrsg. von F. Böckle und F.Groner, Düsseldorf 1964, 27-51.

39. Christliche Laienfrömigkeit im technischen Handeln, in: Zur Theologie der Arbeit (Pastoral-Katechetische Hefte 24, hrsg. von H. Aufderbeck und M. Fritz), Leipzig 1964, 33-59.

40. Eheliche Hingabe und Zeugung (Zur Frage der Geburtenregelung), in: Theologisch-praktische Quartalschrift 112 (1964) 121-132; spanisch in: Folia humanistica (Barcelona) 3 (1965) 193-208.

41. Geburtenregelung in der Sicht der katholischen Moraltheologie, in: Physikalisch-diätetische Therapie 5 (1964) 377-382; spanisch in: Folia Humanistica (Barcelona) 3 (1965) 193-208; völlig neubearbeitet in: Bewußt verantwortete Elternschaft (Beiträge zur Begegnung von Kirche und Welt, hrsg. von der Akademie der Diözese Rottenburg, Nr. 79), Rottenburg 1965, 16-42, und in: Empfängnisregelung, hrsg. von F. Oelze (Schriftenreihe des Zentralverbandes der Ärzte für Naturheilverfahren, Band 15) Uelzen 1965, 41-56.

42. Grundkräfte der christlichen Existenz, in: Interpretation der Welt, hrsg. von H. Kuh, H. Kahlefeld, K. Forster. Festschrift für R. Guardini, Würzburg 1965, 172-189, 21966.

43. Die Wahrheit wird euch frei machen, in: Die pädagogische Provinz (1965) 248-265; Rundfunkfassung in: gehört - gelesen. Die interessantesten Sendungen des Bayrischen Rundfunks 12 (1965) 1243-1266.

44. Der Friede ist unteilbar. Der Dialog der Kirche mit der Welt in der Gegenwart, in: Königsteiner Offiziersbriefe (1965) Heft 15/16, 19-34.

45. Erziehung zur Sittlichkeit, in: Materialheft für Arbeitsgemeinschaften der katholischen Militärgeistlichen vor Offizieren (1964/65) Nr. 3, 1-30.

46. Die Laien, in: Das neue Volk Gottes. Eine Einführung in die dogmatischen Konstitution "Über die Kirche", hrsg. von W. Sandfuchs (Arena-Taschenbuch 114), Würzburg 1966, 55-71.

47. Der Beruf und die Entfaltung der Schöpfung, in: Neue Grenzen - ökumenisches Christentum morgen, hrsg. von K. Bismarck und W. Dirks, Stuttgart-Berlin-Olten-Freiburg 1966, Band I, 175-181.

48. Das menschliche Schaffen in der Welt, in: Die Kirche in der Welt von heute. Eine Einführung in die Pastoralkonstitution "Gaudium et spes", hrsg. von W. Sandfuchs, Würzburg 1966, 57-73.

49. Die Würde der Ehe und Familie, in: Die Kirche in der Welt von heute. Eine Einführung in die Pastoralkonstitution "Gaudium et spes", hrsg. von W. Sandfuchs. Würzburg 1966, 88-103.

50. Christen in der Welt von morgen, in: Für die Welt von morgen erziehen (Sozialpädagogische Beiträge der Zeitschrift Jugendwohl, hrsg. von P. Schmidle, Band 8), Freiburg 1966, 59-71.

51. Yves J.-M. Congar, in: Tendenzen der Theologie im 20. Jahrhundert. Eine Geschichte in Portraits, hrsg. von H.J. Schultz, Stuttgart-Berlin-Olten-Freiburg 1966, 519-523.

52. Vom Sinn menschlicher Leiblichkeit und Geschlechtlichkeit, in: Der Mensch und seine Geschlechtlichkeit, hrsg. von der Domschule Würzburg in Zusammenarbeit mit der Arbeitsgemeinschaft für katholische Familienbildung Bonn, Würzburg 1967, 11-43; 21968; nachgedruckt in: Arzt und Christ (1967) 149-165; italienisch in: L'uomo e la sua sessualità, Brescia 1968, 13-46, und spanisch in: Educatión sexual de nuestros hijos, 1972, 9-47.

53. Was heißt "Dialog der Kirche mit der Welt"? Überlegungen zur Enzyklika "Ecclesiam suam" Pauls VI., in: Wahrheit und Verkündigung. Festschrift für Michael Schmaus zum 70. Geburtstag, hrsg. von L. Scheffczyk, W. Dettloff, R. Heinzmann, München-Paderborn-Wien 1967, Band II, 1508-1531.

54. Das Gewissen und das Gute, in: Klerusblatt (München) 47 (1967) Nr. 4 u. 5, 51-54 und 80-83.

55. De humana navitate in universo mundo, in: Das Zweite Vatikanische Konzil (Lexikon für Theologie und Kirche) Band III, Freiburg 1968, 377-397.

56. Auf dem Wege zu einer Theologie der Arbeit. Wandel der Aspekte während der letzten 150 Jahre, in: Theologie im Wandel. Festschrift zum 150-jährigen Bestehen der Katholisch-theologischen Fakultät an der Universität Tübingen (Tübinger theologische Reihe 1), München und Freiburg 1967, 543-564.

57. Beruf, in: Christliche Verantwortung. Eine ökumenische Bestandsaufnahme zeitgemäßer Ethik, hrsg. von V. Hochgrebe, Würzburg 1968,127-139.

58. Stellungnahme zur Enzyklika "Humanae vitae", in: Diakonia 3, (1968) 300-302.

59. Gottesherrschaft im Planungszeitalter, in: Wer ist das eigentlich - Gott?, hrsg. von H.J. Schultz (Die Bücher der Neunzehn), München 1968, 246-259.

60. Die Erfahrung der Geschichtlichkeit und die Krise der Moral, in: Theologische Quartalschrift 149 (1969) 4-22.

61. Nach dem Erscheinen der Enzyklika "Humanae vitae". Zehn Thesen über die Findung sittlicher Weisungen, in: Theologische Quartalschrift 149 (1969) 75-85.

62. Die Problematik der Empfängnisregelung. Zur innerkatholischen Diskussion, in: Familie und Geburtenregelung, hrsg. von R. Blobel, A. Flitner, R. Tölle, München 1969, 153-174.

63. Sinnwerte und Formen der Askese, in: Krise der Kirche - Chance des Glaubens, hrsg. von K. Färber, Frankfurt 1968, 249-280.

64. Grundprobleme der sittlichen Erziehung, in: Fragen der religiösen Unterweisung und Erziehung (Schriftenreihe des Arbeitskreises für katholische freie Schulen 9), hrsg. von H. Fischer, München 1968, 177-206.

65. Das biblisch-christliche Menschenbild, in: Das moderne Menschenbild und das Evangelium (Einheit in Christus, hrsg. von O. Cullmann und O. Karrer, Band 4), Einsiedeln-Zürich 1969, 47-89.

66. Geschlechtliche Erziehung in der Schule, in: Der Erziehungsauftrag der Schule heute (Schriftenreihe des Arbeitskreises für katholische freie Schulen 10), hrsg. von H. Fischer, München 1969, 90-130.

67. Bildung für die Welt von morgen, in: Unsere Wirtschaft (1969) Heft 6, 4-5.

68. Moraltheologie - Auflösung oder schöpferische Selbstkritik?, in: Wege aus der Krise, hrsg. von W. Sandfuchs, Würzburg 1970, 41-55.

69. Wandelbares und Unwandelbares in der Moral, in: Christlich-pädagogische Blätter 83 (1970) 171-186.

70. Gereinigte Liebe zur Schöpfung. Überlegungen zum Sinn der Askese, in: Christ in der Gegenwart 23 (1971) 69f.

71. Zur Diskussion über Schwangerschaftsabbruch, in: Theologische Quartalschrift 151 (1971) 193-213. Erweiterte Neuauflage; Zur Diskussion über Schwangerschaftsabbruch. Überlegungen aus der Sicht der kath. Moraltheologie, in: J. Baumann (Hrsg.), Das Abtreibungsverbot des §218 (Sammlung Luchterhand 62), Neuwied und Berlin 1972, 106-134.

72. Die normative Kraft des Faktischen, in: Begegnung. Beiträge zu einer Hermeneutik des theol. Gesprächs. Festschrift für H. Fries, hrsg. von M. Seckler, O.H. Pesch, J. Brosseder und W. Pannenberg, Graz-Wien-Köln 1972, 615-632.

73. Interiorisierung der Transzendenz, in: Humanum. Moraltheologie im Dienst des Menschen. Festschrift für R. Egenter, hrsg. von J. Gründel, F. Rauh und V. Eid, Düsseldorf 1972, 47-65.

74. Glaube, Hoffnung und Liebe. Die Öffnung eines traditionellen moraltheologischen Traktats in die Dimension des Gesellschaftlichen, in: Funktion und Struktur christlicher

Gemeinde. Festschrift für H. Fleckenstein, hrsg. von J. Hepp, E. Mielenbrink und H. Pompey, Würzburg 1971, 91-114.

75. Christentum und Humanismus. Zu einem Werk von Gregor Müller (Bildung und Erziehung im Humanismus der italienischen Renaissance, Wiebaden 1969), in: Theologische Quartalschrift 151 (1971) 163-166.

76. El sentido del dolor (Vom Sinn des Schmerzes), in: Tribuna Medica (Madrid) 1971 (Sonderbeilage "Tribnua Medica Revesion").

77. Angebote und Forderungen von verpflichtenden religiösen und sittlichen Verhaltensweisen in der kath. Heimerziehung, in: Jugendwohl 53 (1972) 10-20 und 100-107; nachgedruckt in: Sozial. Mitteilungen des Berufsverbandes kath. Sozialarbeiter 23 (1971) 69-82.

78. L'Education à la Responsabilité, in: La nouvelle revue pédagogique 27 (1971) 259-269 und 321-334.

79. Wo steht heute die katholische Ethik?, in: Deutsche Zeitung/Christ und Welt (1972) Nr. 30, 10.

80. Christliche und bürgerliche Moral, in: Sindelfinger Jahrbuch Bd. 13, Sindelfingen 1971, 193-205.

81. Theologische Information - Aspekte heutiger moraltheologischer Grundlagendiskussion, in: Der katholische Gedanke 28 (1972) 62-65.

82. Etica y Medicina. Sammlung von Beiträgen von A. Auer, Y. Congar, F. Böckle, K. Rahner, Madrid 1972. Die Beiträge von A. Auer finden sich Seite 21-184.

83. Die Aktualität der sittlichen Botschaft Jesu, in: Die Frage nach Jesus, hrsg. von A. Paus, Graz-Wien-Köln 1973, 271-362; teilweise nachgedruckt in: Der Katholische Gedanke 29 (1973) 14-17 und 76-79.

84. Ethos der Freizeit (Rundfunk-Fassung von Nr. 8), in: gehört - gelesen. Manuskript-Auslese der interessantesten Sendungen des Bayrischen Rundfunks 20 (1973) 436-444.

85. Was bis du - Mensch? Das christliche Welt - und Menschenbild in Konfrontation mit den Möglichkeiten der Manipulierbarkeit und Machbarkeit menschlicher Existenz, in: Blätter der Wohlfahrtspflege 120 (1973) 326-328.

86. "Sexualmoral im Licht des Glaubens", in: Theologische Quartalschrift 153 (1973) 326-328.

87. Zwang und Sittlichkeit. Eine schockierende Analyse katholischer Sexualerziehung. (Zu Ch. Rohde-Dachser, Struktur und Methode der kath. Sexualerziehung, dargestellt am Beispiel kath. Kleinschriften, Stuttgart 1970), in: Christ in der Gegenwart 26 (1974) 96.

88. Gibt es ein Recht auf einen natürlichen Tod?, in: Materialdienst 2.74: Handreichung für die Seelsorge, hrsg. von der Akademie der Diözese Rottenburg (1974) 33-40.

89. Freizeit als Anliegen des Glaubens, in: Schöpferische Freizeit. Österreichische Pastoraltagung 27. bis 29.12.73, hrsg. von W. Zauner und H. Erharter, Wien 1974, 66-81.

90. Veri principis imago. Zur Erziehung der Fürsten von Erasmus von Rotterdam, in: Virtus politica. Festgabe zum 75. Geburtstag von Alfons Hufnagel. hrsg. von J. Möller, Stuttgart-Bad Cannstatt 1974. 175-195.

91. "Anatomie der menschlichen Destruktivität". Zum neuen Buch Erich Fromms, in: Herder-Korrespondenz 29 (1975) 32-35.

92. Ist Sünde eine Beleidigung Gottes? Überlegungen zur theologischen Dimension der Sünde, in: Theologische Quartalschrift 155 (1975) 53-68.

93. Vergebung der Sünden, in: Ich glaube, hrsg. von W. Sandfuchs, Würzburg 1975, 139-153; französisch in: Je crois, ed. v. L. Jeanneret, Paris-Namur 1978, 143-157.

94. Franz Xaver Linsenmann (1835-1898), in: Katholische Theologen Deutschlands im 19. Jahrhundert, hrsg. von H. Fries und G. Schwaiger, Bd. III, München 1975, 215-240.

95. Ein Modell theologisch-ethischer Argumentation: "Autonome Moral", in: Moralerziehung um Religionsunterricht, hrsg. von A. Auer, A. Biesinger, H. Gutschera, Freiburg-Basel-Wien 1975, 27-457.

96. Die ethische Relevanz der Botschaft Jesu, in: Moralerziehung im Religionsunterricht, hrsg. von A. Auer, A. Biesinger, H. Gutschera, Freiburg-Basel-Wien 1975, 58-90.

97. "Sittenbildende Kraft" des Strafrechts, in: Theologische Quartalschrift 155 (1975) 231f.

98. Entschlossenheit zum eigenen Leben, in: Christ in der Gegenwart 28 (1976) 269f.

99. Das Recht des Menschen auf einen "natürlichen" Tod, in: Der Mensch und sein Tod, hrsg. von J. Schwartländer, Göttingen 1976, 82-93; überarbeitete Neuauflage; Das Recht des Menschen auf einen "natürlichen" Tod aus der Sicht einer theologischen Ethik, in: Suizid und Euthanasie als human- und sozialwissenschaftliches Problem, hrsg. von A. Eser (Medizin und Recht, hrsg. von A. Eser, Bd. 1), Stuttgart 1976, 250-260.

100. Sittlichkeit und Strafrecht, in: Renovatio 32 (1976) 156-163; nachgedruckt in: Christ in der Gegenwart 28 (1976) 373f.

101. Tendenzen heutiger theologischer Ethik, in: Konturen heutiger Theologie, hrsg. von G. Bitter und G. Miller, München 1976, 308-325.

102. Du sollst nicht töten!, in: Zehn Gebote, Elf Beiträge zu den Zehn Geboten, hrsg. von W. Sandfuchs, Würzburg 1976, 65-79; italienisch in: I dieci Comandamenti, Assisi 1978.

103. Der Dekalog - Modell der Sittlichkeit heute?, in: Zehn Gebote. Elf Beiträge zu den Zehn Geboten, hrsg. von W. Sandfuchs, Würzburg 1976, 147-164; italienisch in: I dieci Comandamenti, Assisi 1978.

104. Zweierlei Sexualethik. Kritische Bemerkungen zur "Erklärung" der römischen Glaubenskongregation "Zu einigen Fragen der Sexualethik" (mit W. Korff und G. Lohfink), in: Theologische Quartalschrift 156 (1976) 148-158.

105. Die Autonomie des Sittlichen nach Thomas von Aquin, in: Christlich glauben und handeln. Fragen einer fundamentalen Moraltheologie in der Diskussion, hrsg. von K. Demmer und B. Schüller. Festschrift für J. Fuchs. Düsseldorf 1977, 31-54.

106. Die Unverfügbarkeit des Lebens und das Recht auf einen "natürlichen Tod", in: A. Auer, H. Menzel, A. Eser, Zwischen Heilauftrag und Sterbehilfe, Köln 1977, 1-51.

107. Die Bedeutung des Christlichen bei der Normfindung, in: Normen im Konflikt. Grundfragen einer erneuerten Ethik, hrsg. von J. Sauer, Freiburg-Basel-Wien 1977, 29-54.

108. Autonome Moral und christlicher Glaube, in: Katechetische Blätter 102 (1977) 60-76.

109. Begrenztes Leben - sinnvolles Leben?, in: Renovation 33 (1977) 97-103.

110. Ethische Implikationen von Wissenschaft, in: Wissenschaft an der Universität heute. Festschrift zum 500-jährigen Jubiläum der Universität Tübingen, Bd. II, Tübingen 1977, 291-334.

111. Das Christentum vor dem Dilemma: Freiheit zur Autonomie oder Freiheit zum Gehorsam?, in: Concilium 13 (1977) 643-647.

112. Ethische Bewertung der Sterbehilfe und des Behandlungsabbruchs, in: Rheinisches Ärzteblatt 31 (1977) 1114-1120.1132.

113. Der Suizid als menschliches und ethisches Problem, in: Rheinisches Ärzteblatt 32 (1978) 166-170.

114. Überlegungen zu einem künftigen Ethos des Arztes, in: Rheinisches Ärzteblatt 32 (1978) 161-164.

115. Was soll und kann eine wissenschaftliche Ethik leisten?, in: Rheinisches Ärzteblatt 32 (1978) 172-177.

116. Das Vorverständnis des Sittlichen und seine Bedeutung für eine theologische Ethik, in: In libertatem vocati estis. Miscellanea Bernhard Häring, curantibus H. Boelaars und R. Tremblay (Studia Moralia XV), Roma 1977, 219-244.

117. Ethische Aspekte zur Indikation nicht vitaler orthopädischer Operationen, in: Zeitschrift für Orthopädie und ihre Grenzgebiete 116 (1978) 414-418.

118. Das Medikament als ethisches Problem, in: gehört - gelesen, Manuskriptauslese des Bayrischen Rundfunks (1978) Nr. 10, 29-36.

119. Die Arbeit im Lichte der Theologie, in: Unser Dienst, Zeitschrift für Seelsorge in der Arbeitswelt 12 (1978) Heft 10, 2-11.

120. Aufgabe und Sinn der theologischen Wissenschaft, in: Engagierte Gelassenheit, hrsg. von Manfred Plate, Freiburg 1978, 87-91; nachgedruckt unter dem Titel: Das Ärgernis der Theologie, in: Christ in der Gegenwart 30 (1978) 157f.

121. Aspekte zur ethischen Bewertung des finalen Schusses, in: Innere Sicherheit, hrsg. vom CDU-Arbeitskreis "Polizei" Baden-Württemberg, Hohenheimer Str. 9, Stuttgart (1978), 11-29.

122. Verantwortete Vermittlung. Bausteine einer Informationsethik des Rundfunks, in: Stimmen der Zeit 197 (1979) 15-24.

123. Die Bedeutung der christlichen Botschaft für das Verständnis und die Durchsetzung der Grundwerte, in: Werte - Rechte - Normen, hrsg. von A. Paus, Graz-Wien-Köln 1979, 29-85.

124. Die Sinnfrage als Politikum. Zum Grundwerte-Papier der SPD, in: Stimmen der Zeit 197 (1979) 247-259.

125. Was ist das eigentlich - das Gewissen?, in: gehört - gelesen. Manuskriptauslese des Bayrischen Rundfunks (1979) Nr. 6, 67-74; nachgedruckt in: Katechetische Blätter 104 (1979) 595-603.

126. Verantwortete Vermittlung. Bausteine einer medialen Ethik und Kommunikation. Telekommunikation - ein Fortschritt für den Menschen? (Hohenheimer Medientage 1979), hrsg. von der Zentralstelle Medien der Deutschen Bischofskonferenz und der Kath. Akademie Stuttgart, Stuttgart 1979, 61-80 (Weiterführung von Nr. 122).

127. Der diffamierte Verzicht. Bedeutung der Askese für die menschliche Selbstverwirklichung, in: ... Deshalb für den Menschen. Festschrift für St. Szydzik, Regensburg 1980.

128. Ist Unterhaltung vertane Zeit? Überlegungen zur Unterhaltung in den Massenmedien aus der Sicht einer theologischen Ethik, in: Stimmen der Zeit 198 (1980) 735-750; abgedruckt in: Unterhaltung im Rundfunk, hrsg. von A. Rummel (Beiträge - Dokumente - Protokolle zu Hörfunk und Fernsehen. Schriftenreihe des Südwestfunks, hrsg. von W. Hempel Bd 5), Berlin 1980, 7-22.

129. Probleme der Sterbehilfe aus theologischer Sicht, in: Krebsnachsorge (Krebsbekämpfung, Bd. 2) hrsg. von Grundmann u.a., Stuttgart-New York 1980, 137-145.

130. Absolutheit und Bedingtheit ethischer Normen, in: Unterwegs zur Einheit. Festschrift für Heinrich Stirnimann, hrsg. von J. Brantschen und P. Selvatico, Freiburg-Wien 1980, 345-362.

131. Verantwortete Vermittlung. Neue Überlegungen zu einer medialen Ethik, in: Stimmen der Zeit 199 (1981) 147-160.

132. Der Mensch - "Partner" der Natur? Wider theologische Überschwenglichkeit in der ökologischen Diskussion, in: Im Gespräch der Mensch. Ein interdisziplinärer Dialog. Festschrift für J. Möller, hrsg. von H. Gauly, M. Schulte, H.P. Balmer, S. Dangelmayer, Düsseldorf 1981, 65-78; abgedruckt in:

Theologisches Jahrbuch 1984, hrsg. von W. Ernst, K. Feiereis, S. Hübner, J. Reindl, Leipzig 1984, 233-244.

133. Die umstrittene Rezeption der Autonomie-Vorstellung in der katholisch-theologischen Ethik, in: Literaturwissenschaft und Geistesgeschichte. Festschrift für R. Brinkmann, hrsg. von J. Brummack, G. von Graevenitz, F. Hackert, H.-G. Kemper, G. Mahal, P. Mog, K.-P. Philippi, H.G. Seeba, W. Wiethölter, Tübingen 1981, 773-791.

134. Fünf Jahre nach der Reform des § 218 aus der Sicht des Ethikers, in: Fünf Jahre nach der Reform des § 218, hrsg. von der Ärzteschaft Karlsruhe 1981, 47-55.

135. Zur Rezeption der Autonomie-Vorstellung durch die katholisch-theologische Ethik, in: Theologische Quartalschrift 161 (1981) 2-13; etwas gekürzte Fassungen unter dem Titel: Zur Kritik an der Rezeption des Autonomie-Begriffs in die theologische Ethik; in: Glaubenspraxis, hrsg. von J. Reikersdorfer, Wien-Freiburg-Basel 1981, 11-22; in: J. Blank und G. Hasenhüttl (Hrsg.), Erfahrung, Glaube und Moral, Düsseldorf 1982, 22-35, und in: selecciones de teologia (Barcelona) 85 (1983) 63-70 (La reception de una etica autonomia en al moral catolica, übers. von P. Knauer).

136. Der christliche Glaube und die heutigen Probleme der Umwelt, in: Universitas 35 (1981) 823-828.

137. Gentechnologie - eine Herausforderung an die Ethik, in: Theologische Quartalschrift 162 (1982) 261f.

138. "Die Seelenburg" der Hl. Teresa von Avila - ein Modell heutiger Spiritualität?, in: Gott allein. Teresa von Avila heute, hrsg. von W. Herbstrith, Freiburg-Basel-Wien 1982, 78-99.

139. Darf der Mensch, was er kann?, in: Wissenschaft - Technik - Humanität. Beiträge zu einer konkreten Ethik, hrsg. von A.J. Buch und J. Splett, Frankfurt 1982, 11-35.

140. Anthropologische Grundlegung einer Medienethik (zusammen mit H.A. Bausch und G. Virt, zur Ethik der Informationsmedien), in: Handbuch der christlichen Ethik, hrsg. von A. Hertz, W. Korff, T. Rendtorff, H. Ringeling, Bd. 3: Wege ethischer Praxis. Freiburg-Basel-Wien 1982. 535-546.

141. Das Spannungsfeld zwischen Recht und Sittlichkeit in der theologischen Ethik, in: Recht und Sittlichkeit, hrsg. von

J. Gründel (Studien zur theologischen Ethik, Bd. 10) Freiburg i.Üe. - Freiburg i.Br. 1982, 140-157.

142. Besorgtheit um den Menschen. Ethische Überlegungen zu den technischen Entwicklungen bei Rundfunk und Fernsehen, als Sonderdruck herausgegeben von der Stadt Freidrichshafen 1982.

143. Die Legitimation der Grundwerte. Wie kann die Verbindlichkeit des Humanum vermittelt werden?, in: Religionsunterricht an höheren Schulen 25 (1982) 360-373; abgedruckt in: Die Wahrheit tun. Zur Umsetzung ethischer Normen. Festschrift für G. Teichtweier, hrsg. von B. Fraling und R. Hasenstab, Würzburg 1983, 119-135.

144. "Der Mensch muß Original sein, nicht bloß Kopie" - Bischof Linsenmann und seine Bedeutung heute, Festvortrag zum 10-jährigen Bestehen der Maximilian-Kolbe-Schule, Rottweil-Hausen 15. Oktober 1982 (Sonderdruck).

145. Kindliche Indikation zum Schwangerschaftsabbruch aus ethischer Sicht, in: Geburtshilfe und Frauenheilkunde (G. Thieme-Verlag, Stuttgart) 43 (1983); 51-56 abgedruckt in: H.A. Krone (Hrsg.), 70 Jahre Bayerische Gesellschaft für Geburtshilfe und Frauenheilkunde. Tagung in Bamberg 17.-19.6.1982 (Wissenschaftliche Information 9 [1983] Heft 3), Milupa Friedrichsdorf/Taunus.

146. Mensch und Technik, in: Forum '83 für Wissenschaft und Verwaltung 21.-23.9.1983, hrsg. von IBM Bonn (Kurzfassung des Festvortrags) 1983.

147. Nächstenliebe als Therapeutikum, in: Schweizerische Ärztezeitung 64 (1983) Heft 51, 2148-2155.

148. Von einem monologischen zu einem dialogischen Verständnis des kirchlichen Lehramtes, in: Die Autorität der Kirche in Fragen der Moral, hrsg. von A. Auer, München-Zürich 1984, 90-121 (mit "Einführung", 7-10).

149. Verbindlichkeit und christliche Vermittlung des Humanen, in: Universitas 39 (1984) 597-606.

150. Hat die autonome Moral eine Chance in der Kirche?, in: Moral begründen - Moral verkünden, hrsg. von G. Virt, Innsbruck-Wien 1985, 9-30; a.a.O. 46-62: Alfons Auer und Hans Rotter im Gespräch.

151. Verantwortete Zeitgenossenschaft, in: Weltoffene Katholizität. Von der Notwendigkeit und Kultur des Dialogs, Symposion zum 70. Geburtstag von Prof. Dr. Alfons Auer (Publikationen der Akademie der Diözese Rottenburg-Stuttgart) Rottenburg-Stuttgart 1985, 99-112; a.a.O. 112-119: Predigt: "Kirche als Heimat".

152. Läßt die Position der katholischen Kirche zur passiven und aktiven Sterbehilfe Raum für ein Umdenken hinsichtlich der von ihr bisher vertretenen Grundsätze?, in: 5. Europäischer Kongreß für Humanes Sterben. Kongreßbericht, hrsg. von der Deutschen Gesellschaft für Humanes Sterben, Augsburg 1985, 77-84.

153. Der Dienst des Diakons in der Welt von heute, in: Dokumentation "Tag der ständigen Diakone", 30.3.1985, hrsg. vom Bischöflichen Ordinariat Rottenburg 1985, 13-34.

154. Umwelt - Wirtschaft - Gesellschaft - ethische Einführung in eine Podiumsdiskussion, in: Umwelt - Wirtschaft - Gesellschaft - Wege zu einem neuen Grundverständnis. Kongreß der Landesregierung "Zukunftschancen eines Industrielandes" 1985, hrsg. von R. Wildenmann, Gerlingen o.J., 982-984.

155. Art. Alter II, In theologischer Sicht, in: Staatslexikon I, [7]1985, 113-114.

156. "Geschmack an der Freiheit vermitteln", Ein Gespräch (mit U. Ruh) über Moraltheologie heute, in: Herder-Korrespondenz 39 (1985) 165-170.

157. Die Macht über das Leben. Herausforderung und Chance für den Menschen, in: Albertus Magnus Blätter 32 (1985) VII/4-X/4 und 33 (1986) IV/1-IX/1; nachgedruckt in: Österreichische Apotheker-Zeitung 40 (1986) 1094-1102.

158. Im Konfliktfall gilt der Vorrang der Ökologie vor der Ökonomie, in: Der Bürger im Staat 35 (1985) 174-179.

159. Ethische Probleme der Umwelt, in LVA (=Landesversicherungsanstalt Württemberg) -Mitteilungen 77 (1985) 275-278 (Bericht von W. Rapp).

160. Art. Ehe und Familie I. Theologisch, in: Staatslexikon II, [7]1986, 86-95.

161. Der Mensch und seine Umwelt, in: Informationen für Religionslehrer im Bistum Essen, hrsg. vom Katechetischen Institut des Bistums Essen, Dez. 1986, 2-9.

162. Was ist mit der Weitergabe der "Moral" an die kommende Generation?, in: W. Kasper und G. Miller, Ereignis Synode, Stuttgart 1986, 127-138.

163. Der schwierige Weg von der Anthropologie zur Ethik, in: Theologische Quartalschrift 166 (1986) 143-145.

164. Argumentation mit der Menschenwürde?, in: Marchtaler Pädagogische Beiträge 9 (1986) 73-82.

165. Technik und Humanität, in: Marchtaler Pädagogische Beiträge 9 (1986) 83-96); nachgedruckt in: E. Grässle und R. Mayer (Hrsg.), Berufspädagogik und Religionspädagogik im Dialog, Düsseldorf 1987, 100-119.

166. Die "Würde des Menschen" - Basiswert ethischer Argumentation für die medizinisch-technische Praxis, in: Ärztetagung 1986 des Erzbistums Paderborn, Technik und Hunamität im ärztlichen Dienst, hrsg. vom Erzbischöflichen Generalvikariat, Paderborn o.J., 33-67.

167. "Das Handbüchlein des christlichen Streiters" des Erasmus von Rotterdam. Erasmus von Rotterdam zum 450. Todestag, in: erdkreis 36 (1986) 414-423. (Nachdruck aus: Bücher der Entscheidung, hrsg. von W. Sandfuchs, Würzburg 1964, 67-77).

168. Umweltethik, in: Handwörterbuch religiöser Gegenwartsfragen, hrsg. von U. Ruh, D. Seeber, R. Walter, Freiburg-Basel-Wien 1986, 474-478.

169. Die ethische Problematik genetischer und vorgeburtlicher Diagnostik, in: Religionsunterricht an höheren Schulen 30 (1987) 1-6.

170. Franz Xaver Linsenmann als Theologe, in: Franz Xaver Linsenmann. Sein Leben, hrsg. von R. Reinhardt, Sigmaringen 1987, 1-10.

171. Handeln wir ethisch legitim?, Ein Interview (mit M. Czakainski) über die Prinzipien einer Wirtschaftsethik, in: Energiewirtschaftliche Tagesfragen 37 (1987) 984-987.

172. Wohin sind wir unterwegs? Zum Problem "nichtehelicher Lebensgemeinschaften", in: Christ in der Gegenwart 39 (1987) 413-414.

173. Die Umwelt als Anspruch an den Menschen, in: Senfkorn. Handbuch für den Katholischen Religionsunterricht Klassen

5-10, Band III/2: Klassen 9 und 10, hrsg. von M. Müller, Stuttgart 1987, 137-165.

174. Wirtschaftsethische Aspekte des Umweltschutzes, in: Umwelt und Gewissen. Unternehmer vor einer internationalen Herausforderung, hrsg. von der Arbeitsgemeinschaft Christlicher Unternehmer (ACU) in der Bundesrepublik Deutschland und der Vereinigung Christlicher Unternehmer (VCU) der Schweiz, Düsseldorf 1987, 46-68.

175. Ethos der Freizeit (1988), in: Menschen unterwegs. Das Angebot der Kirche in Freizeit und Tourismus, hrsg. von R. Bleistein, Frankfurt a.M. 1988, 38-56.

176. Anthropozentrik oder Physiozentrik? Vom Wert eines Interpretaments, in: Ökologische Ethik, hrsg. von K. Bayertz (Schriftenreihe der Katholischen Akademie der Erzdiözese Freiburg, hrsg. von D. Bader) München-Zürich 1988, 31-54.

177. Auflösung der Ehe durch die Liebe? Zu einem Buch von Herrad Schenk, in: Christ in der Gegenwart, Bücher der Gegenwart, Frühjahr 1988, Religions-theologische Neuerscheinungen, 1.

178. Zur Problematik der aktiven Euthanasie. Theologisch-ethische Überlegungen, in: SONDE (Neue Christlich-Demokratische Politik) 21 (1988) 73-79.

179. Leben verlängern um jeden Preis?, in: Informationen, hrsg. vom Seelsorgereferat des Bischöflichen Ordinariats Rottenburg, (1988) 15-16 (Nr. 221).

180. Verantwortete Vermittlung. Bausteine einer medialen Ethik, in: Zeitgespräch. Kirche und Medien, hrsg. von H. Glässgen und H. Tompert, Freiburg-Basel-Wien 1988, 63-84; Nachdruck von Nr. 122.

181. "Die Vernunft des Ganzen" - Was kann die Theologie zur Erkenntnis ihrer Verbindlichkeit beitragen?, in: Ethik als Anspruch an die Wissenschaft - oder: Ethik in der Wissenschaft, hrsg. von L. Siep (Schriftenreihe der katholischen Akademie der Erzdiözese Freiburg, hrsg. von C. Bader) München-Zürich 1988, 82-104.

182. Gestaltwandel des Glaubens, in: Cartell Rubert Mayer, Mitteilungsblatt (1988) 2-6.

183. Art. Schwangerschaftsabbruch II. Ethische Bewertung, in: Staatslexikon IV, [7]188, 1103-1106.

184. Argumentation mit der Menschenwürde? Ein Versuch am Beispiel heutiger bioethischer Probleme, in: Wissenschaft, Glaube und Erziehung (Information für die kath. Schulen in freier Trägerschaft in den Diözesen Fulda, Limburg und Mainz) Heft 30 (1988) 20-30. (Nachdruck von Nr. 164).

185. Arzt und Spiritualität, in: Arzt und Christ 35 (1989) Heft 1, 46-48.

186. Theologisch-ethische Überlegungen zum Problem des Schmerzes, in: Weite des Herzens - Weite des Lebens. Beiträge zum Christsein in moderner Gesellschaft (Festschrift für Odilo Lechner), hrsg. von M. Langer und A. Bilgri, Regensburg 1989, Bd. I, 451-460.

187. "Die Vernunft des Ganzen" - Der Beitrag der Theologie zum Ethos der Wissenschaften; Nachdruck von Nr. 181.

188. Bioethische Argumentation mit der Menschenwürde?, in: Staat, Kirche, Wissenschaft in einer pluralistischen Gesellschaft (Festschrift zum 65. Geburtstag von Paul Mikat), hrsg. von D. Schwab u.a., Berlin 1989, 13-28.

189. Politik im Widerstreit der Interessen. Anforderungen an den glaubwürdigen Politiker, in: Dokumentation zum Jahresempfang der Bischöfe von Freiburg und Rottenburg-Stuttgart am 21. November 1989 im Neuen Schloß in Stuttgart, hrsg. vom Katholischen Büro Stuttgart, Kommissariat der Bischöfe in Baden-Württemberg, Stuttgart 1989; abgedruckt in: Markierungen der Humanität. Sozialethische Herausforderungen auf dem Weg in ein neues Jahrtausend, hrsg. von G. Mertens, W. Kluxen, P. Mikat (Festschrift für W. Korff), Paderborn 1992, 253-264.

190. Art. Sterben, Sterbehilfe II. Theologisch-ethisch, in: Staatslexikon V, [7]1989, 284-286.

191. Umwelt, Umweltschutz II. Theologische Aspekte, in: Staatslexikon V, [7]1989, 518f.

192. Kirche in verantworteter Zeitgenossenschaft, in: Kirche in der Zeit (Walter Kasper zur Bischofsweihe, Gabe der Katholisch-Theologischen Fakultät Tübingen), hrsg. von H.J. Vogt, München 1990, 168-183.

193. Das Akademiegespräch als Chance für die Kirche, in: Das Akademiegespräch als Chance für die Kirche. Zum Wechsel der

Leitung der Katholischen Akademie Freiburg, Freiburg 1990, 16-33.

194. Mensch und Technik, in: Medienpraxis, Modelle für die Medienpädagogik, Heft 18, hrsg. von der Zentralstelle Medien der Deutschen Bischofskonferenz, Bonn 1990, 3-5. (Sonderheft: Computer-Kultur. Ethische und pädagogische Fragen und Perspektiven)

195. Freude an der Schöpfung - Verantwortung für die Umwelt, in: Pädagogische Welt 44 (1990) Beilage zu Heft 3, 35-40.

196. Die Unverfügbarkeit des Lebens als ethische Forderung, in: Der Kinderarzt 21 (1990) 270-276.

197. Das Tier als Lebensmittellieferant. Möglichkeiten und Grenzen der tierischen Produktion aus ethischer Sicht, in: VET 5 (1990) 18-26.

198. Zeitsouveränität als Ermöglichung erfüllten Menschseins, in: heilen 1989, Heft 3.

199. Wirtschaft und Ethik. Prolegomena zu einem schwierigen Dialog, in: Moral als Kapital. Perspektiven des Dialogs zwischen Wirtschaft und Ethik, hrsg. von M. Wörz, P. Dingwerth und R. Öhlschläger (Akademie der Diözese Rottenburg-Stuttgart), Stuttgart 1990, 45-54; nachgedruckt in: K.-H. Sommer (Hrsg.), Betriebspädagogik in Theorie und Praxis (Festschrift für Wolfgang Fix zum 70. Geburtstag), Esslingen 1990, und in: Dialog und Gastfreundschaft. Akademie (1946-1990), Stuttgart 1991, 53-59; hier Abdruck weiterer sechs Texte Auers aus den Jahren 1946-1990 unter der Überschrift "Idee und Auftrag der Akademie. Reflexionen zum Selbstverständnis" (17-59).

200. Wandel der Landschaft - wohin? Ethische Aspekte, in: Wandel der Landschaft - wohin? Bericht über die Arbeitstagung der AG Ländlicher Raum im Regierungsbezirk Tübingen 1989 (Heft 17 der Beiträge zu den Problemen des ländlichen Raumes), Tübingen 1990, 20-27.

201. Es gibt keinen Grund, darüber nicht zu sprechen, in: Unsere Erfahrung mit der Kirche, hrsg. von M. Müssle, Freiburg-Basel-Wien (1. und 2. Auflage) 1991, 63-79.

202. Zeitlose Ordnung oder verantwortliche Gestaltung? Zur ethischen Diskussion über Sexualität und Ehe, in: U. Struppe

und J. Weismayer (Hrsg.), Öffnung zum Heute. Die Kirche nach dem Konzil, Innsbruck-Wien 1991, 77-108.

203. Der kirchliche Umgang mit wiederverheirateten Geschiedenen, in: Wege der Seelsorge (Festschrift für G. Kopp), hrsg. vom Seelsorgeamt Rottenburg, Rottenburg 1991, 208-213.

204. Steht das menschliche Leben neu zur Diskussion? in: Vor 50 Jahren: Massenmord als "Gnadentod" getarnt. Und heute?, hrsg. von den Heggbacher Einrichtungen, 7951 Maselheim-Heggbach 1990, 38-59.

205. Verantwortung für die Zeugung menschlichen Lebens, in: Verantwortung für das menschliche Leben, hrsg. von A.W. von Eiff (Schriften der Kath. Akademie in Bayern, Bd. 144), Düsseldorf 1991, 33-50.

206. Der Mensch als Subjekt verantwortlichen Handelns, in: Leben aus christlicher Verantwortung. Ein Grundkurs der Moral, hrsg. von J. Gründel, Bd. 1: Grundlegungen (Schriften der Kath. Akademie in Bayern, Bd. 141), Düsseldorf 1991, 14-37.

207. Theologische Ethik und Fundamentaltheologie, in: In Verantwortung für den Glauben, hrsg. von P. Neuner und H. Wagner (Festschrift für Heinrich Fries), Freiburg-Basel-Wien 1992, 77-86.

208. Steht das menschliche Leben heute neu zur Disposition? Theologisch-ethische Überlegungen zur neuen Behindertenfeindlichkeit, in: In Christus zum Leben befreit (Festschrift für B. Häring, hrsg. von J. Römelt und B. Hidber), Freiburg-Basel-Wien 1992, 225-247.

209. Idee und Auftrag (einer Kath.) Akademie. Reflexionen zum Selbstverständnis, in: Dialog und Gastfreundschaft. 40 Jahre Akademie der Diözese Rottenburg-Stuttgart, hrsg. von G. Fürst und K. Barwig, Stuttgart 1991, 15-60. Abdruck der Nr. 53, 151, 193, 205 u.a.

210. Kriterien des Fortschritts. Menschenwürde als Orientierungsinstanz, in: Fortschritt - ein Gebot der Humanität?, hrsg. von E.J.M. Kroker und B. Dechamps (Königsteiner Forum, Vortragsreihe 1991), Frankfurt 1992, 43-65.

211. Wieviel Bindung braucht der Mensch? Ein theologisch-ethischer Beitrag zur Diskussion über Singles und Paare ohne Trauschein, in: Würde und Recht des Menschen (Festschrift für

J. Schwartländer, hrsg. von H. Bielefeldt, W. Brugger, K. Dicke) Würzburg 1992, 271-287.

212. Tierische Produktion und Ethik, Referat auf der Schweizerischen Fleischfachtagung 1992. Dokumentation vom Verband Schweizer Metzgermeister und vom Ausbildungszentrum für die Schweizer Fleischwirtschaft, Steinwiesenstraße 59, Postfach 284, CH-8028 Zürich.

213. Die autonome Moral im christlichen Kontext, in: Moral konkret. Impulse für eine christliche Weltverantwortung, hrsg. von W. Seidel und P. Reifenberg, Würzburg 1993, 15-39.

214. Der Rat in moraltheologischer Sicht, z.Zt. im Druck bei der Akademie der Diözese Rottenburg-Stuttgart, Im Schellenkönig 61, 7000 Stuttgart.

215. Art. Säkularisierung, in: Lexikon für Theologie und Kirche, Bd. 9, Freiburg im Breisgau 1964, Sp. 253f.

4. Presseerklärung und Pressestimmen

4.1 Presseerklärung des Fachbereichs Katholische Theologie der Johann Wolfgang Goethe-Universität Frankfurt am Main

Frankfurt, den 18. Februar 1993

Der Fachbereich Katholische Theologie der Johann Wolfgang Goethe-Universität in Frankfurt am Main hat beschlossen, Herrn Professor Dr. Alfons Auer den akademischen Grad eines Dr. phil. h.c. zu verleihen. Professor Auer (77) ist Emeritus für Theologische Ethik an der Katholisch-theologischen Fakultät der Universität Tübingen.

Die feierliche Verleihung des Ehrendoktorates wird am Mittwoch, dem 21. April 1993, in Frankfurt stattfinden. Professor Auer wird dabei zum Thema "Wie kann Menschsein heute glücken? Theologisch-ethische Wahrheitssuche in einer säkularen Gesellschaft" sprechen.

Der Dekan des Fachbereichs, Prof. Dr. Hermann Schrödter, begründete den Beschluß wie folgt:

Alfons Auer hat durch sein Modell einer "Autonomen Moral im christlichen Kontext" der moraltheologischen Grundsatzdiskussion der letzten 25 Jahre den entscheidenden Anstoß gegeben. Nach seiner Überzeugung läßt sich ethisches Handeln nicht einfach aus dem Glauben ableiten, es muß sich vielmehr auch vor dem sittlichen Anspruch der Wirklichkeit rechtfertigen. Deshalb fordert Auer das Gespräch der Theologischen Ethik mit den empirischen Wissenschaften und der Philosophie.

"Verantwortete Zeitgenossenschaft" verlangt Alfons Auer von der Kirche, der Theologie, von den Christen. Sie müssen sich an den Schnittpunkten der säkularen Welt bewähren. Denn die vielbeklagte Gottlosigkeit der modernen Welt liegt für ihn auch in der Weltunfähigkeit und Weltunlust der Christen begründet. Sein Vertrauen auf die Vernunftfähigkeit des christlichen Glaubens ist ein Hoffnungszeichen für alle Christen in einer Gesellschaft, die selbst das Vertrauen in ihre Rationalität zu verlieren scheint.

Auer mußte für seine Überzeugung auch persönliche Nachteile in Kauf nehmen. Dennoch hat er nie Zweifel an seinem Selbstverständnis als katholischem Theologen aufkommen lassen. Anderen Positionen hat er stets Respekt entgegengebracht. Deshalb konnte er in theologischen und kirchlichen Auseinandersetzungen integrierend wirken.

4.2 Presseerklärung der Fachschaft des Fachbereiches Katholische Theologie der Johann Wolfgang Goethe-Universität

Verleihung der Ehrendoktorwürde an Prof. Dr. Alfons Auer

Die Fachschaft Katholische Theologie begrüßt ausdrücklich die Verleihung der Ehrendoktorwürde an Prof. Dr. Alfons Auer durch den Fachbereich.

Auers Ansatz ermuntert uns als Theologiestudierende in einer Stadt wie Frankfurt zur Auseinandersetzung mit anderen Wissenschaften, um so zu sachgerechtem Urteilen und Handeln zu gelangen.

Es freut uns besonders, daß Prof. Auer nun doch die Ehrendoktorwürde verliehen werden kann, nachdem der Versuch der Wiener Katholisch-Theologischen Fakultät vorerst gescheitert ist.

Der Wiener Erzbischof lehnte es ab, einem Theologen, der die "Kölner Erklärung" unterzeichnet hat, diese Ehre zuteil werden zu lassen. Unter dem Titel "Wider die Entmündigung - Für eine offene Katholizität" protestierten 1989 mehr als 200 deutschsprachige Theologiedozenten gegen die Kirchenpolitik des Vatikans.

Das Angebot, bei einer Rücknahme der Unterschrift die Ehrung erhalten zu können, schlug Auer aus.

Dabei hatte noch 1990 Papst Johannes Paul II. Alfons Auer anläßlich seines fünfundsiebzigsten Geburtstages gratuliert und seine Verdienste um die Erneuerung der Theologischen Ethik positiv gewürdigt.

Nach dem Wiener Ereignis haben in Übereinstimmung der Rottenburger Bischof Kasper und die Katholisch-Theologische Fakultät Tübingen eine Ehrenerklärung zugunsten Auers abgegeben.

Wir achten Prof. Auer wegen seiner aufrichtigen und aufrechten Haltung. Trotz der Ablehnung, die ihm entgegenschlug, hielt er an seiner Überzeugung fest, ohne sie absolut zu setzen.

Frankfurt/M., den 18.2.1993

Die Fachschaft

4.3 Presseberichte allgemein

Reutlinger Generalanzeiger vom 10. November 1992

Ehrendoktorwürde verweigert

Auer lehnt Groers Forderung ab

Tübingen/Wien. (kna) Der Tübinger Ethiker Prof. Alfons Auer (77) und der Innsbrucker Pastoraltheologe Hermann Stenger dürfen nicht Ehrendoktoren der Universität Wien werden. Die von der Katholisch-theologischen Fakultät einstimmig beschlossene und von den zuständigen Gremien befürwortete Auszeichnung scheiterte, wie jetzt bekannt wurde, am Einspruch des Wiener Kardinals Hermann Groer. Dieser verlangte von Auer die Rücknahme seiner Unterschrift zur "Kölner Erklärung". Unter dem Titel "Wider die Entmündigung - für eine offene Katholizität" hatten 1989 über 200 deutschsprachige Theologieprofessoren die vatikanische Politik bei Bischofs- und Professorenberufungen kritisiert.

Der erst in den vergangenen Tagen auch vom Vatikan als Gesprächspartner gesuchte Auer gehört zu den herausragenden katholischen Moraltheologen. Wie er erklärte, lehnte er die Forderung Groers ab. Es erscheine ihm "indiskutabel, in einer so wichtigen Angelegenheit wie der Kölner Erklärung aus der gebotenen Solidarität der Theologen auszubrechen". In Tübingen und Rottenburg hat die "Brüskierung" Auers Bestürzung ausgelöst. Statt "Öl ins Feuer zu gießen", sollte man einen hochangesehenen Wissenschaftler, dessen Wort gerade auch außerhalb der Kirche gehört werde und zähle, unterstützen und innerkirchlich zusammenstehen, hieß es.

Auer hat bis zu seiner Emeritierung 1981 seit 1966 in Tübingen Theologische Ethik gelehrt. Er gehört der Europäischen Akademie in Salzburg an, dessen Präsident Kardinal Franz König (Wien) ist. In Tübingen und im Bistum Rottenburg-Stuttgart genießt der Theologe, der bis zum Tod von Bischof Georg Moser dessen enger Vertrauter war, menschlich und wissenschaftlich hohes Ansehen. Noch 1990 hat ihn der Papst als einen der profiliertesten Moraltheologen gewürdigt und ihm zum 75. Geburtstag "für sein orientierendes und befreiendes Wort als Wissenschaftler und Seelsorger mit Charisma" gedankt.

Süddeutsche Zeitung vom 11. November 1992

Wiens Kardinal spielt den Racheengel

Renommierter Tübinger Theologie darf nicht Ehrendoktor werden

Noch 1990 hat der Papst ihn als einen der profiliertesten Moraltheologen gewürdigt und ihm zum 75. Geburtstag "für sein orientierendes und befreiendes Wort als Wissenschaftler und Seelsorger mit Charisma" gedankt. Doch in Wien darf der Tübinger Ethik-Professor Alfons Auer nicht einmal Ehrendoktor der dortigen Universität werden. Die von der Katholisch-Theologischen Fakultät einstimmig beschlossene und von den zuständigen Gremien befürwortete Auszeichnung des renommierten Theologen scheiterte, wie jetzt die Katholische Nachrichten-Agentur berichtete, ausgerechnet am Einspruch des Wiener Kardinals Hermann Groer. Der offenbar ebenso kleinkarierte wie konservative Kirchenmann verlangte von Auer die Rücknahme seiner Unterschrift zur "Kölner Erklärung".

Unter dem Titel "Wider die Entmündigung - für eine offene Katholizität" hatten 1989 mehr als zweihundert deutschsprachige Theologiedozenten die vatikanische Politik bei Bischofs- und Professorenberufungen kritisiert. Die Unterzeichner der von vielen Katholiken unterstützten Protesterklärung müssen nun für ihre Aufmüpfigkeit büßen - manchen von ihnen wird sogar die für eine akademische Laufbahn notwendige kirchliche Lehrbefugnis verweigert. Wie einst zu Zeiten der Inquisition hat der Vatikan die betreffenden Theologen auf "Schwarze Listen" gesetzt. Und Männer wie der in Österreich keineswegs umstrittene Kardinal aus Wien machen sich zum Büttel der römischen Racheengel...

Der 77jährige Auer, dessen Karriere zum Glück nicht auf dem Spiel steht, lehnte die skandalöse Forderung Groers rundweg ab. Es erscheine ihm "indiskutabel, in einer so wichtigen Angelegenheit wie der 'Kölner Erklärung' aus der gebotenen Solidarität der Theologen auszubrechen", erklärte er. In Tübingen und Rottenburg hat die "Brüskierung" Auers den Angaben zufolge unterdessen Bestürzung und Trauer ausgelöst. Statt "Öl ins Feuer zu gießen", sollte man einen hochangesehenen Wissenschaftler, dessen Wort gerade auch außerhalb der Kirche gehört werde und zähle, unterstützen und innerkirchlich zusammenstehen, hieß es dazu in Kirchen- und Theologenkreisen.

Auer hat von 1966 bis zu seiner Emeritierung 1981 in Tübingen Theologische Ethik gelehrt. Er gehört der Europäischen Akademie in Salzburg an, dessen Präsident übrigens Groers Vorgänger Kardinal Franz König ist. In Tübingen und im Bistum Rottenburg-Stuttgart genießt Auer hohes Ansehen. Bis zum Tod von Bischof Georg Moser war er dessen enger Ratgeber. Den Wiener Oberhirten Groer kümmert all dies offenbar wenig.

Reutlinger Generalanzeiger vom 12. November 1992

Kasper stellt sich hinter Auer

Tübingen/Rottenburg. (GEA) Der Einspruch des Wiener Kardinals Hermann Groer gegen die Auszeichnung des Tübinger Ethikers Professor Alfons Auer mit der Ehrendoktorwürde der Universität Wien ist in Rottenburg mit Unverständnis und Bestürzung aufgenommen worden. Bischof Walter Kasper erklärte am Mittwoch, daß er die Entscheidung gegen Auer "sehr bedauert". Der hoch angesehene Wissenschaftler sei ein kirchlich engagierter Theologe, den er persönlich sehr schätze. Der Wiener Kardinal hatte wie berichtet seine Zustimmung zur Auszeichnung Auers verweigert, weil dieser 1989 gemeinsam mit 220 anderen Theologen die Kölner Erklärung "Wider die Entmündigung - für eine offene Katholizität" unterzeichnet hatte.

Reutlinger Generalanzeiger vom 15. Dezember 1992

Den Kardinal trifft geballter Protest

Groers Verhalten gegenüber dem Tübinger Moraltheologen Alfons Auer empört Akademiker

Tübingen. (kna) Über zweihundert Akademiker haben dem Wiener Kardinal Hermann Groer ihre "Empörung und Scham mitgeteilt wegen dessen Verhalten gegenüber dem Tübinger Ethiker Professor Alfons Auer (77).

Die Ärzte, Richter, Politiker, Lehrer, hohen Beamten, Rechtsanwälte, Professoren, die Auer während ihrer Studienzeit zwischen 1945 und 1958 in Tübingen, als der katholische Theologe ihr Studentenseelsorger war, schätzengelernt haben und mit ihm seitdem verbunden sind, machten dem Kardinal am Montag deutlich, daß ein Priester und Wissenschaftler wie Auer Groers Vorgehen nicht verdiene.

Groer hatte die Auer von der Universität Wien angetragene Ehrendoktorwürde davon abhängig gemacht, daß Auer seine Unterschrift unter die "Kölner Erklärung" zurückzieht oder sich von dieser Kritik von über zweihundert Theologen an der Politik des Vatikans bei Bischofs- und Professorenernennungen distanziert. Auer lehnt dies ab.

Die Akademiker verwahren sich gegen das Ansinnen Groers. Sie geben ihm zu bedenken, daß Auer einer der bedeutendsten Moraltheologen der Gegenwart sei und ein lebenslang treuer und engagierter Priester. Auer habe sie gelehrt, "wie man in und mit der Kirche als Christ in der mordernen Welt in Familie, Beruf und Gesellschaft verantwortlich leben und Verantwortung übernehmen kann", schreiben die 224 Akademiker. Seine wissenschaftlichen Leistungen seien weit über Deutschland hinaus anerkannt. Groer habe mit seinen Vorbehalten gegenüber Auer nur "völlig unnötig eine weitere Konfrontation innerhalb der Kriche vom Zaun gebrochen und die Glaubwürdigkeit der Kirche in Frage gestellt."

Reutlinger Generalanzeiger vom 19. Februar 1993

Uni Frankfurt verleiht Tübinger Alfons Auer Ehrendoktorwürde

Entscheidende Anstöße gegeben

Tübingen/Frankfurt (kna) Die Johann Wolfgang Goethe-Universität in Frankfurt/Main verleiht dem emeritierten katholischen Tübinger Ethik-Professor Alfons Auer (77) die Ehrendoktorwürde. Der Dekan des Katholisch-Theologischen Fachbereichs der Goethe-Universität, Prof. Hermann Schrödter, begründete die Entscheidung am Donnerstag mit den Verdiensten Auers um das Modell einer "Autonomen Moral im christlichen Kontext".

Der Ethiker habe in den vergangenen 25 Jahren entscheidende Anstöße zu einer moraltheologischen Grundsatzdiskussion zwischen Theologen, empirischen Wissenschaften und der Philosophie gegeben, sagte Schrödter. Christliche Ethik müsse sich "an den Schnittpunkten der säkularen Welt bewähren". Auers Vertrauen auf die Vernünftigkeit des christlichen Glaubens sei ein Hoffnungszeichen. Der Dekan hob hervor, Auer habe für seine Überzeugung auch persönliche Nachteile in Kauf nehmen müssen.

Die katholischen Theologiestudenten in Frankfurt begrüßten in einem Schreiben den Beschluß der Fakultät. Besonders erfreulich sei, daß Auer "nun doch die Ehrendoktorwürde verliehen werden kann, nachdem der Versuch der Wiener Katholisch-Theologischen Fakultät vorerst gescheitert ist". Der Wiener Erzbischof, Kardinal Hermann Groer, hatte Auer die Ehrenpromotion verweigert, weil dieser 1989 seine Unterschrift unter die "Kölner Erklärung" von 200 deutschsprachigen Theologiedozenten gegen die vatikanische Kirchenpolitik gesetzt hatte.

Der 1990 von Papst Johannes Paul II. für seine theologischen Verdienste gewürdigte Alfons Auer wird die Frankfurter Ehrendoktorwürde am 21. April entgegennehmen und zu dem Thema sprechen "Wie kann Menschsein heute glücken? - Theologisch-ehtische Wahrheitssuche in einer säkularen Gesellschaft".

Frankfurter Allgemeine Sonntagszeitung vom 21. Februar 1993

Universität ehrt Alfons Auer

Tübinger Moraltheologe erhält Ehrendoktorwürde

wis. Frankfurt. Der Fachbereich Katholische Theologie der Frankfurter Johann Wolfgang Goethe-Universität hat beschlossen, dem Tübinger Moraltheologen Alfons Auer die Ehrendoktorwürde zu verleihen. Der 77 Jahre alte Auer ist emeritierter Professor für theologische Ethik. Er gilt als herausragender Verfechter einer weltoffenen Kirche. Zu seinen Veröffentlichungen zählt das 1971 erschienene Standardwerk "Autonome Moral und christlicher Glaube".

Auer habe der moraltheologischen Grundsatzdiskussion der vergangenen 25 Jahre den "entscheidenden Anstoß gegeben", begründet Hermann Schrödter, Dekan des Fachbereichs, den Beschluß. Nach Auers Überzeugung lasse sich ethisches Handeln nicht einfach aus dem Glauben ableiten, es müsse sich "vielmehr auch vor dem sittlichen Anspruch der Wirklichkeit rechtfertigen", schreibt Schrödter. Deshalb sei Auer für das Gespräch zwischen theologischer Ethik, empirischen Wissenschaften und Philosophie eingetreten.

Ursprünglich hatte die Universität Wien den renommierten Theologen mit der Ehrendoktorwürde auszeichnen wollen. Dies war jedoch Ende des vergangenen Jahres am Einspruch des Wiener Kardinals Hermann Groer gescheitert. Groer warf Auer vor, 1989 die sogenannte "Kölner Erklärung" unterzeichnet zu haben. Darin hatten rund 200 deutschsprachige Theologen unter dem Titel "Wider die Entmündigung - für eine offene Katholizität" die Einflußnahme Roms bei Bischofsernennungen und Professorenberufungen scharf kritisiert. Als "skandalös" wurde von vielen die Forderung des Kardinals empfunden, Auer müsse widerrufen und seine Unterschrift zurückziehen, erst dann sei eine Auszeichnung denkbar. Der Tübinger Gelehrte lehnte das Ansinnen Groers ab.

"Erfreut" darüber, daß es nach dem gescheiterten Wiener Versuch nun doch möglich sei, die Leistung Auers angemessen zu würdigen, äußerte sich die Fachschaft der Katholischen Theologen an der Frankfurter Universität. "Wir achten Auer wegen seiner aufrichtigen und aufrechten Haltung", heißt es in einer Erklärung der Studenten. Trotz der "Ablehnung, die ihm entgegenschlug", habe er an seiner Überzeugung festgehalten.

Katholisches Sonntagsblatt vom 28. Februar 1993

Ehrendoktor für Alfons Auer

Frankfurter Universität würdigt Verdienste um "autonome Moral"

Die Johann Wolfgang Goethe-Universität in Frankfurt/Main verleiht dem emeritierten katholischen Tübinger Ethik-Professor Alfons Auer (77) die Ehrendoktorwürde. Der Dekan des Katholisch-Theologischen Fachbereichs der Goethe-Universität, Prof. Hermann Schrödter, begründete die Entscheidung mit den Verdiensten Auers um das Modell einer "autonomen Moral im christlichen Kontext". Der Ethiker habe in den vergangenen 25 Jahren entscheidende Anstöße zu einer moraltheologischen Grundsatzdiskussion zwischen Theologen, empirischen Wissenschaften und der Philosophie gegeben, sagte Schrödter. Christliche Ethik müsse sich "an den Schnittpunkten der säkularen Welt bewähren". Auers Vertrauen auf die Vernunftfähigkeit des christlichen Glaubens sei ein Hoffnungszeichen. Der Dekan hob hervor, Auer habe für seine Überzeugung auch persönliche Nachteile in Kauf nehmen müssen.

Die katholischen Theologiestudenten in Frankfurt haben unterdessen in einem Schreiben den Beschluß der Fakultät begrüßt. Besonders erfreulich sei, daß Auer "nun doch die Ehrendoktorwürde verliehen werden kann, nachdem der Versuch der Wiener Katholisch-Theologischen Fakultät vorerst gescheitert ist".

Der Wiener Erzbischof, Kardinal Hermann Groer, hatte Auer die Ehrenpromotion verweigert (wir berichteten), weil dieser 1989 seine Unterschrift unter die "Kölner Erklärung" von 200 deutschsprachigen Theologiedozenten gegen die vatikanische Kirchenpolitik gesetzt hatte. Der 1990 von Papst Johannes Paul II. für seine theologischen Verdienste gewürdigte Alfons Auer wird die Frankfurter Ehrendoktorwürde am 21. April entgegennehmen und zu dem Thema sprechen "Wie kann Menschsein heute glücken? - Theologisch-ethische Wahrheitssuche in einer säkularen Gesellschaft".

Rheinischer Merkur vom 16. April 1993

Die Moral gehört nicht an den Rand

Glaube und Weltgestaltung

Sind die Normen der katholischen Morallehre noch aktuell? Welchen Beitrag kann das Christentum zu gesellschaftlichen Fragen leisten?

Alfons Auer, emeritierter Professor für Moraltheologie in Tübingen, antwortet in einem RM-Interview

RHEINISCHER MERKUR: *In Frankfurt erhalten Sie den Ehrendoktor der philosophischen Fakultät. Ist dies nicht auch eine Geringachtung für Sie als Theologen?*
ALFONS AUER: Die theologischen Fakultäten sind in Frankfurt in die philosophische Fakultät integriert. Ich sehe es als eine besondere Auszeichnung an, daß mit dieser Ehrung erkannt und anerkannt wird, daß das Religiöse nicht ein in sich abgekapseltes Reich ist, sondern in Beziehung steht zur ganzen Wirklichkeit der Welt. Frömmigkeit muß sich realisieren in der Welt, und letztere muß wirklich angenommen werden in ihrer Authentizität und nicht nur als ein Medium zur Darstellung des Religiösen. Dies gilt auch für die philosophische Wissenschaft und für die Ethik.

Wie ist das Verhältnis von philosophischer Ethik und christlichem Glauben?
Bereits die klassischen Naturrechtslehren sind ein Versuch, die sittlichen Einsichten von der Vernunft her zu begründen. Es stellt sich die Frage, was der christliche Glaube aus seinem Sinnverständnis heraus an zusätzlichen Einsichten beitragen kann. Letztlich kann zu jedem in sich stimmigen philosophischen System und ethischen Standpunkt ein Zugang vom Christentum erschlossen werden. Auch für den Christen gibt es immer wieder Spannungen zwischen persönlichem Glauben und rationaler Erkenntnis. Diese Spannungen gilt es auszuhalten. Sie machen ethische Fragen erst lebendig und sind Voraussetzung für einen Fortschritt des Denkens.

Sie haben den Begriff der "autonomen Moral" in die theologische Ethik eingeführt. Was ist hierunter zu verstehen?
Der Begriff der Autonomie bringt in ähnlicher Weise wie der der Würde des Menschen die Grundanliegen der neuzeitlichen Freiheitsgeschichte auf den Punkt. Dieser Ansatz ist abzugrenzen von totalitären Formen der Autonomie, die einen transzendenten Bezug des Menschen völlig ausblenden. Aber in seiner Autonomie ist der Mensch berufen, die Wahrheit seines Lebens herauszufinden. Das Sittliche

umfaßt daher keine Optionen, die weit entfernt vom Einzelmenschen ihren Ursprung haben, sondern es ist mit Mitteln der Vernunft erkennbar.

Sind die Normen der katholischen Morallehre heute noch aktuell?
An der Aktualität dieser Normen zweifele ich nicht. Die Frage ist, ob sie in der Form, in der sie bisher vermittelt wurden, heute noch an die kommende Generation weitergegeben werden können. Hier bin ich entschieden der Meinung, daß der Ort unserer Reflexionen die Zeitgenossenschaft sein muß. Wir müssen geistig mitvollziehen, was sich in der heutigen Zeit abspielt, und dürfen uns nicht am Rande aufstellen und mit einzelnen moralischen Zwischenrufen begnügen. Das gilt in gleicher Weise für das theologische und das philosophische Nachdenken über das Sittliche.

Welchen Beitrag kann die christliche Ethik zu den aktuellen Problemen von Ökologie und Umweltschutz leisten?
Als dieser Themenkomplex neu in die öffentliche Diskussion kam, wurde kontrovers diskutiert, ob der Mensch sich die Erde untertan machen solle oder ob dieser theologische Ansatz zu revidieren sei. Heute sagen alle bedeutenden Kommentare, daß Genesis 1,27f so zu verstehen ist, daß der Mensch die Erde in seine Verantwortung nimmt. Aus diesem biblischen Verständnis wird sehr stark eine Biozentrik entwickelt, wonach nicht der Mensch, sondern das Leben die Mitte ist. Nach meiner Ansicht ist jedoch nach wie vor eine anthropozentrische Sicht zutreffender, da der Mensch das einzige Wesen ist, welches aufgrund seiner Vernunft wahrnehmen kann, was auf dieser Welt geschieht, und diese verantwortlich gestalten kann.
Bei der Beurteilung eines technischen Fortschritts im ökologischen Umfeld stellen wir immer drei Fragen: Ist das Ziel unter einer ganzheitlich-menschlichen Betrachtungsweise zu rechtfertigen, sind die Folgen verantwortbar, und sind die Mittel erlaubt? Hier ist es eine Aufgabe der Ethik, im ständigen Gespräch mit all den Wissenschaften, die es mit Ökologie zu tun haben, immer konkretere Kriterien für die einzelnen Bereiche herauszuarbeiten. So wurde schon eine ganze Reihe von brauchbaren Listen mit Einzelkriterien und Grundsätzen erstellt.

Gibt es in diesem Zusammenhang auch einen spezifisch christlichen Beitrag?
Zunächst einmal ergeben sich aus dem Christentum das Motiv und prinzipielle Forderungen, in diesem Bereich aktiv zu werden. Aber ich kann vom Glauben aus nicht ganz konkrete Lösungen ausmachen. Hier muß ich Vernunftgründe geltend machen. Gott will, daß menschliches Dasein glückt. Also muß ich herausfinden, was zu tun und zu lassen ist, damit menschliches Dasein für diese und kommende Generationen glücken kann.

Wie kann heute eine Ehe- und Sexualmoral erschlossen werden?
Wenn man die Analysen im Hinblick auf die junge Generation liest, kann man feststellen, daß durchaus ein großes Bindungsbedürfnis da ist. Weniger entwickelt ist die Bindungsfähigkeit beziehungsweise, um präziser zu sein, das Vertrauen darauf, diese Bindungen ein ganzes Leben lang durchzuhalten. Partnerschaft ist heute eine sehr lebendige Gemeinschaft, die immer wieder den Wandlungen, die von außen und von innen kommen, preisgegeben ist und von daher in Gefahr gerät. Eine der wichtigsten Aufgaben der christlichen Verkündigung auf diesem Gebiet ist, klarzumachen, wieviel Bindung der Mensch braucht, um leben zu können, die Bindungsfähigkeit zu stärken und den Menschen zu helfen, daß ihre Bereitschaft auch durchgehalten werden kann. Der Mensch braucht für die innere Kontinuität seiner Identität Orte der Verläßlichkeit. Wenn das soziale Netz nicht mehr trägt, kann der Mensch psychisch nicht gesund leben. Die Ursachen dieser von den Betroffenen durchaus empfundenen Gefährdung liegen zweifellos in Mangelerfahrungen, die in einem übertriebenen neuzeitlichen Individualismus begründet sind. Außerdem hatten früher die Menschen in ihrem Überlebenskampf verläßliche Gemeinschaften, in die sie hineingebunden waren. Heute fällt dies weithin weg.
Hier klaffen christliche Doktrin und Wirklichkeit auseinander. Wir haben gar keine andere Möglichkeit, als das zunächst einmal zu akzeptieren. Und es wird gut sein, von den christlichen Kirchen nicht primär die moralischen Maßstäbe im herkömmlichen Sinn anzuwenden, sondern zunächst zu fragen, warum das eigentlich so ist.

Wie kann insbesondere auch für Familien ein verantwortungsvoller Umgang mit den Medien erreicht werden?
Hier befinden wir uns noch in einer schmerzlichen Kulturlosigkeit. Das Angebot wird täglich reichhaltiger. Der Mensch kann es gar nicht mehr voll konsumieren und muß daher Entscheidungen treffen. Die jungen Leute sagen uns, sie seien überfordert; es entstehen Zwänge, die sie nicht aushalten könne. Ich meine: zum erstenmal in der Geschichte entsteht heute ein Zwang zur Freiheit. Der Mensch muß soviel Freiheit in sich entwickeln, daß er das gesamte Angebot überprüfen kann und für sich entscheidet, was für ihn dienlich ist. Hier muß der Mensch zeigen, ob er den richtigen kultivierten Zugang zu diesem an sich wünschenswerten Angebot findet.

Wie wird der Mensch fähig, zu einem verantworteten Umgang gegenüber äußeren Einflüssen?
Der erste Schritt ist, daß Spontaneität entwickelt wird. Ich muß aufhören, mich einfach leben zu lassen, sondern mich erheben und meine Freiheitsposition beziehen, um mich dann der Wirklichkeit zuzuwenden und ein Konzept zu entwickeln, welches für die persönliche, ganz unverwechselbare Lebensgeschichte von Bedeutung ist.

Sollte die christliche Ethik zu den Fragen der Gentechnik gegenüber den Naturwissenschaften und den Juristen eine klarere Sprache finden?
Die christliche Ethik kann ihre Sprache nur finden, wenn sie in den Dialog mit den anderen Wissenschaften eintritt und darin verbleibt. Die sittliche Erkenntnis kann sich auf solchen Gebieten wie der Gentechnik nur noch dialogisch vollziehen. Die Wahrheit des Heils und die Wahrheit der Welt müssen sich aufeinander zubewegen, sie müssen miteinander ins Gemenge gebracht werden. Heute sind wir in dieser Frage bereits weit entfernt von einem blinden Pessimismus. Ich bin davon überzeugt, daß es im Umkreis der Gentechnologie viele Möglichkeiten geben wird, die dem Menschen in höchstem Maße dienstbar sein werden.

Ganz neu beschäftigen Sie sich mit den ethischen Fragen des menschlichen Alterns. Gibt es hier bereits Erkenntnisse?

Früher hat man formuliert: Das Altern ist das Sichanhäufen der Sterbenselemente. Heute müssen die Menschen das Alter als eine authentische Lebensphase entdecken. Als wichtigste Aufgabe ist dem alternden Menschen zunächst auferlegt, sich mit der Endlichkeit des menschlichen Lebens zurechtzufinden. Erst wenn ich diese Position gewonnen habe, kann ich mich aus einer viel größeren inneren Freiheit heraus entweder wieder dem normalen Leben zuwenden, oder ich kann sagen: Ich will möglichst viel von der heißen Luft der Hektik aus der Gesellschaft herausnehmen, indem ich selbst als gelassener Mensch in dieser Welt stehe und in der Stille den Frieden suche. Entscheidend ist, daß man den Prozeß des Alterns bewußt durchlebt.

Warum hat es die katholische Kirche heute so schwer, hinsichtlich ihrer moralischen Aussagen akzeptiert zu werden?

Es ist ein gesamtgesellschaftlicher Prozeß, daß die Institutionen und ihre normativen Vorgaben an Kredit eingebüßt haben. Es muß jedoch Institutionen und Normen geben; es gibt in der Kulturgeschichte keine Alternative dazu. Offenbar waren die Institutionen sich mit ihren normativen Vorgaben selbst zu sicher, als daß sie sich selbst in Frage gestellt und die Notwendigkeit einer Weiterentwicklung gesehen hätten. Viele Institutionen und auch die Kirche haben sich zu sehr auf ihre Autorität verlassen, ohne sich bewußt zu machen, daß die eigentliche Verbindlichkeit von Normen nicht von den Autoritäten herrührt, die sie vermitteln, sondern aus der inneren Stimmigkeit und Plausibilität der Normen. Ich denke, daß die Menschen durchaus bereit sind, hohe ethische Forderungen zu akzeptieren, aber sie müssen sinnvoll begründet sein. Dies hat man sich zu leicht gemacht.

Sie waren in den sechziger Jahren Mitglied der päpstlichen Kommission zur Vorbereitung der sogenannten Pillenenzyklika "Humanae vitae". Was hat sich seither bei den Katholiken und in der katholischen Kirche in dieser Frage gewandelt?

Sehr viele Katholiken suchen heute intensiv nach neueren sogenannten natürlichen Methoden der Empfängnisregelung. Das wird auch von der Kirche sehr stark unterstützt. Aber die weitaus größte Zahl der

Katholiken hat sich von dieser Norm abgelöst. Sie sind mit vielen Theologen der Meinung, daß dies keine absolute Norm ist. Wir haben bis heute noch keine Methode, von der man sagen könnte, sie ist eine ideale. Auch die Kirche sagt, daß es eine sittliche Pflicht sein kann, die Zahl der Geburten zu regeln. Sie hat sich aber auf die Frage der Methode fixiert. Ich meine wie viele andere Theologen, daß die Frage der Methode hier zweitrangig ist.

Wir müssen unterscheiden zwischen der Kirche und dem Einzelmenschen. Dies sind zwei Dimensionen, wobei das persönliche Gewissen die Prinzipien der Kirche begrenzt und ergänzt. Das Gewissen wirkt begrenzend, wenn es bestimmte ethische Normen nicht mehr nachvollziehen kann. Es wirkt aber auch ergänzend, wenn es feststellt, daß in konkreten Situationen die kirchliche Norm viel zu wenig ist. Die spannungsreiche gegenseitige Zuordnung der objektiven und pauschalierenden kirchlichen Normen und der unverwechselbaren Subjektivität des einzelnen menschlichen Lebens wird zu wenig gesehen.

Wie kann man der Gefahr entgegentreten, daß moralische Fragen als völlig beliebig angesehen werden?

Wir müssen die Erfahrungen der Menschen ernst nehmen. Der moderne Mensch merkt, was sittlich geht und nicht geht, entdeckt neue Möglichkeiten und Sinnerfahrungen und macht Erfahrungen persönlicher Betroffenheit. Das Ethische trägt seine Sanktion in sich selbst, so daß man langfristig an den Folgen selbst merkt, wenn man falsch lebt. Wenn der Mensch sich diesen Erfahrungen und der Reflexion darüber nicht verschließt, ist dieser empirische Zugang zum Sittlichen sehr fruchtbar. Das Sittliche ist zunächst das menschlich Richtige. Man sollte nicht so tun, als wäre dies nur vom Religiösen her verständlich. Auf dieser Basis eröffnet dann das Christliche den ganzen Sinnhorizont, bringt dessen kritischen Effekt gegenüber bestimmten zeitgenössische Positionen zur Geltung und drängt als stimulierender Effekt über das sittliche Minimum hinaus in Richtung auf das biblisch-christliche Hochethos.

Das Interview führte Johannes Falterbaum.

Landesdienst Baden-Württemberg 35 vom 21. April 1993

Weltoffene Kirche und Autonome Moral

Ehrendoktorwürde für Alfons Auer, Symbolfigur katholischer Reform

Tübingen (KNA) Der Tübinger Ethiker Alfons Auer (78), dem die Johann Wolfgang Goethe-Universität in Frankfurt am Main am 21. April die philosophische Ehrendoktorwürde verleiht, gehört zu dem Symbolfiguren der katholischen Reform und der Öffnung der Moraltheologie für den Anspruch der Wirklichkeit. Höhepunkt dieser Reform war das Zweite Vatikanische Konzil. Vor allem von dem Pastoraldokument "Gaudium et spes" gingen wichtige Impulse aus. Diese beruhten auf der Vision einer Einheit von moderner Wissenschaft und Theologie bei Tcilhard de Chardin, auf einer entschlossenen Zuwendung zur Welt ("Weltoffenheit") und auf einer dramatischen Neubewertung der Bedeutung der Laien in der Kirche. Das alles hat Alfons Auer in seinem theologischen Schaffen mit vorbereitet: 1960 erschien sein "Weltoffener Christ". Dieses in mehrere Sprachen übersetzte Werk faßte seine Vorarbeiten zusammen und verwies bereits auf die Zukunft einer Theologischen Ethik weltlicher Sach- und Handlungsbereiche. Auer war dann auch der berufene Kommentator für die Anerkennung der Autonomie der irdischen Wirklichkeiten auf dem Konzil.

Man kann jeweils zwei Jahrzehnte des wissenschaftlichen Wirkens Auers unterscheiden: zunächst die Arbeit am Modell einer weltoffenen Kirche mit einem Konzept des Dialoges sowie einer aufgeschlossenen Moral und dann den Wechsel vom Modell der von der Kirche verwalteten Offenbarungs- und Glaubensethik zum Modell der "Autonomen Moral". 1971 erschien Auers zweites Hauptwerk "Autonome Moral und christlicher Glaube". 1984 folgte diesem als konkrete Anwendung die "Umweltethik". "Autonome Moral" steht als Programmwort für die Freiheit der Vernunft von Autoritäten und Trends (zum Beispiel von der normativen Kraft des Faktischen). Die Wahrheit der Wirklichkeit sollte uneingeschränkt zum Zuge kommen und ihre Relevanz für die Kriterien ethischer Richtigkeit entfalten können. Zugleich sollte der Prozeß der "Findung" des sittlich Richtigen von freien und verantwortlichen Personen selbst getragen werden. Biblische, traditionsgeschichtliche und zeitgenössische Quellen für eine solche befreiende Moral wurden von Auer erschlossen.

Auers Konzept hat Schule gemacht.

Innerhalb des Faches Moraltheologie/Theologische Ethik erwarb sich Auer ebenso große Ausstrahlung wie in den Generationen von Studenten, die er ausbildete. Trotz einer heftigen Diskussion über Auers "Autonome Moral" in den letzten beiden Jahrzehnten kann man ohne weiteres davon ausgehen, daß er sich wissenschaftlich weitgehend durchgesetzt hat. Das Konzept hat Schule gemacht und das Thema für eine Reihe von wissenschaftlichen Arbeiten der nächsten Generationen bestimmt.

Auer ist ein Grenzgänger in der zugleich exponierten und prekären Situation einer kirchlichen Ethik. Er hat, ohne zu zögern, die Kirchenleitung kritisiert, wenn es um Fragen des ethischen Anspruches ging. Ein Teil dieser Kritik ging aus seinen Erfahrungen als Mitglied der päpstlichen Kommission zu Geburtenregelung und Bevölkerungspolitik (1964 bis 1966) hervor, einer Kommission, deren selbstgesuchtem Rat die Päpste bis heute nicht gefolgt sind. Auf der anderen Seite hat Auer an seiner katholischen Kirchlichkeit nie auch nur den leisesten Zweifel gelassen. Seine Kirchenerfahrungen hat er stets mit Optimismus und Humor verarbeitet, obwohl ihm dies nicht leicht gemacht wurde. Die Ehrung mit einem philosophischen Titel durch die Universität Frankfurt ist auch als Anerkennung seiner Wegbereitung eines offenen Dialogs um die philosophische Begründung einer angewandten Ethik zu sehen, die heute immer mehr im Blickpunkt einer neuen Diskussion um Verantwortungsfragen für eine menschenwürdige Zukunft stehen.

Dietmar Mieth, Katholisch-Theologische Fakultät, Tübingen

Frankfurter Allgemeine Zeitung vom 22. April 1993

Ehrendoktorwürde für Alfons Auer

Frankfurter Universität zeichnet renommierten Theologen aus

wis. Der Fachbereich Katholische Theologie an der Philosophischen Fakultät der Johann Wolfgang Goethe-Universität hat gestern den Tübinger Moraltheologen Alfons Auer mit der Ehrenpromotion ausgezeichnet. In seinen zahlreichen Veröffentlichungen, darunter das 1971 erschienene Standardwerk "Autonome Moral und christlicher Glaube" ist Auer für die Weltoffenheit des Christentums und für den Dialog mit den empirischen Wissenschaften und der Philosophie eingetreten. Sittliche Urteile dürfen nach Auers Überzeugung nicht einfach aus dem Glauben abgeleitet werden, sie müssen argumentativ vertreten und den Ansprüchen der säkularen Welt gerecht werden. Der heute 77 Jahre alte Gelehrte hatte bis zu seiner Emeritierung im Jahre 1981 den Lehrstuhl für Theologische Ethik in Tübingen inne.

Die Verleihung des "Dr. phil. h.c." an Auer sei für die Geschichte der Theologie an der Frankfurter Universität - der Fachbereich wurde 1987 gegründet - von großer Bedeutung, sagte Dekan Hermann Schrödter bei der Feierstunde, an der zahlreiche Gäste teilnahmen, darunter auch der Limburger Generalvikar Raban Tilmann.

"Wir sehen uns durch Auers Lebenswerk bestärkt", fügte Schrödter hinzu und verwies auf die "interkulturellen und interdisziplinären" Forschungsfelder des Fachbereichs. Der Frankfurter Moraltheologe Johannes Hoffmann sagte in seiner Laudatio: "Wir hoffen mit der Ehrung dieses aufrechten Mannes ein Zeichen der Hoffnung für viele Christen zu setzen, die weltoffen zu leben versuchen, aber sich momentan von Kirche und Theologie oft allein gelassen fühlen."

Ursprünglich hatte die Universität Wien dem renommierten Theologen die Ehrendoktorwürde verleihen wollen. Dies war vom Wiener Kardinal Hermann Groer untersagt worden, weil Auer zu den rund 200 deutschsprachigen Theologen gehörte, die 1989 in der

sogenannten "Kölner Erklärung" die Einflußnahme Roms bei Bischofsernennungen und Professorenberufungen kritisierten.

Stuttgarter Zeitung vom 23. April 1993

Erst im zweiten Anlauf klappt die Ehrung

Frankfurter Universität würdigt Tübinger Ethiker Alfons Auer / Von
Paul Kreiner

Nun hat es also doch noch geklappt. Alfons Auer, emeritierter
Tübinger Professor für Theologische Ethik ist mit der Ehrendoktorwürde ausgezeichnet worden. Verliehen hat sie ihm die Universität
Frankfurt, Abteilung Katholische Theologie, und gewürdigt wurde
damit das Werk eines der bedeutendsten katholischen Ethiker
überhaupt.

Die Sache hat eine peinliche Vorgeschichte. Im vergangenen Jahr
stand Auer schon einmal zur Ehrung an. Die theologische Fakultät der
Universität Wien hatte sie ihm einstimmig zugedacht. Gerade eben
hatte der Vatikan zudem den Professor wieder einmal als Ratgeber
geholt. Als Alfons Auer im Februar 1990 seinen 75. Geburtstag feierte,
gratulierte ihm der Papst persönlich; er lobte ihn dabei als einen der
"profiliertesten Moraltheologen" und dankte für sein "orientierendes
und befreiendes Wort als Wissenschaftler und Seelsorger mit
Ausstrahlung".

Davon aber schien der Wiener Bischof, Kardinal Hermann Groer,
nichts gewußt zu haben. Er verbot es der Universität kurzerhand,
Alfons Auer auszuzeichnen. Groer, der schlichte Benediktinermönch,
sah in Auer einen jener linken und rebellischen Vertreter der Moraltheologie, die es sich erlauben, den Papst zu kritisieren. Das hielt der
Kardinal schon dadurch für erwiesen, weil der Professor Anfang 1989
seine Unterschrift unter die "Kölner Erklärung" gesetzt hatte, in der
mehr als 200 Theologen die Amtsführung Johannes Pauls II. scharf
angriffen. Den Unterzeichnern wurden danach - offenbar aufgrund

einer Direktive aus Rom - alle möglichen Steine in den Weg gelegt. Jungen Theologieprofessoren beispielsweise, die den Ruf einer Universität erhielten, verweigerten die Ortsbischöfe ihre Zustimmung und damit die Arbeitserlaubnis. Für Groer scheint Auer auch einer der Fälle gewesen zu sein, die zu disziplinieren waren. Auers Gesamtwerk und seine Bedeutung in der Theologie hat Groer schlicht übersehen - oder übersehen wollen.

Erst später, als etwa der Rottenburger Bischof Walter Kasper, selbst angesehener Theologe, und weite Universitätskreise ihre Bestürzung und ihre Trauer über Groers Verdikt geäußert hatten, ruderte der Wiener Kardinal ein wenig zurück. Er habe gar nichts verweigert, die Entscheidung sei "noch offen". Das war aber auch das letzte Wort aus Wien; zu einer förmlichen Zustimmung hat Groer sich bis heute nicht durchgerungen.

Das tat dann Frankfurt, und man würdigte Auer dort, wie es sich gehört. Er habe der moraltheologischen Diskussion des letzten Vierteljahrhunderts "den entscheidenden Anstoß" gegeben. Und Auers Bedeutung ist mit dem Rückblick in die Vergangenheit nicht erschöpft. Seine Überlegungen zur "Autonomen Moral" gelten weiter - gerade in Zeiten, in denen "Sachzwänge" die ethische Urteilsfindung unmöglich zu machen scheinen - oder in denen (römische) Autoritäten ihren Anspruch über Gebühr ausweiten und damit das sittliche Urteil freier, verantwortlicher und ihrer Vernunft nach entscheidenden Menschen diskreditieren wollen.

Landesdienst Baden-Württemberg 36 vom 23. April 1993

Theologe Auer mit Ehrendoktorwürde ausgezeichnet

Frankfurt/Tübingen. 22.4.93 (kna) Alfons Auer (78), emeritierter Professor für Theologische Ethik an der Katholisch-Theologischen Fakultät in Tübingen, hat am Mittwoch die Ehrendoktorwürde des Fachbereichs Katholische Theologie der Frankfurter Goethe-Universität erhalten. Auer habe der moraltheologischen Diskussion der letzten 25 Jahre den entscheidenden Anstoß gegeben; sein Vertrauen auf die Vernunftfähigkeit des christlichen Glaubens sei ein Hoffnungszeichen für alle Christen in einer Gesellschaft, die selbst das Vertrauen in ihre Rationalität zu verlieren scheine, hieß es zur Begründung. Die Laudatio hielt der Frankfurter Moraltheologe Johannes Hoffmann.

Der Nachfolger Auers auf dem Tübinger Lehrstuhl, der Ethiker Dietmar Mieth, bezeichnete Auer anläßlich der Verleihung der Ehrendoktorwürde als "Grenzgänger in der zugleich exponierten und prekären Situation einer kirchlichen Ethik". Ohne zu zögern habe Auer die Kirchenleitung kritisiert, wenn es um Fragen des ethischen Anspruchs gegangen sei. Andererseits habe Auer an seiner Kirchlichkeit nie auch nur den leisesten Zweifel gelassen. Seine Kirchenerfahrungen habe er stets mit Optimismus und Humor verarbeitet, obwohl ihm dies nicht leichtgemacht worden sei. Die Ehrung durch die Universität Frankfurt sei auch als Anerkennung einer angewandten Ethik zu sehen, die heute immer mehr im Blickpunkt einer neuen Diskussion um Verantwortungsfragen für eine menschenwürdige Zukunft stehe.

Wiener Kardinal hatte Auer-Ehrung abgelehnt

Im Herbst war das Vorhaben der Wiener Katholisch-Theologischen Fakultät, Auer den Ehrendoktortitel zu verleihen, gescheitert. Der Wiener Kardinal Hermann Groer hatte es abgelehnt, mit Auer einen Theologen auszuzeichnen, der die "Kölner Erklärung" mitunterzeichnet hatte. Mit dieser Erklärung hatten 1989 zahlreiche Theologen Kritik an der Kirchenpolitik des Vatikan geübt.

Ehrenpromotion für Alfons Auer

Der Fachbereich Katholische Theologie hat im Februar beschlossen, Herrn Prof. Dr. Alfons Auer das Ehrendoktorat eines Dr. phil. zu verleihen.

Auer sollte bereits die Ehrendoktorwürde der Universität Wien erhalten, doch scheiterte dies am Einspruch des Wiener Kardinals Hermann Groer. Auer hätte zuerst seine Unterschrift unter die sogenannte "Kölner Erklärung", eine Kritik von knapp 200 Theologen an vatikanischer Politik, widerrufen müssen. Auer hat dies abgelehnt. Alfons Auer, geboren 1915 in Schönebürg, Kreis Biberach, studierte in Tübingen Philosophie und Theologie.

In Auers Dissertation "Der Sozialismus als sittliche Idee" und in den Dialogen und Begegnungen, die er in seinen Frankfurter Jahren u.a. mit Walter Dirks und Ernst Michel hatte, wurde ein Paradigmenwechsel vorbereitet, dem Auer während des 2. Vatikanischen Konzils zum Durchbruch verhalf.

"Verantwortete Zeitgenossenschaft" heißt Auers Forderung an Kirche, Theologie und Christenheit. Ethik sei genausowenig wie Theologie überhaupt nur eine Sache des Bezeugens, sondern müsse argumentativ und plausibel in eine säkulare Welt hinein vermittelt werden. rom

ORIENTIERUNG Nr. 8, Zürich, vom 30. April 1993

Anspruch der Wirklichkeit und christlicher Glaube

Zur philosophischen Ehrenpromotion von Alfons Auer

Alfons Auer hat unbestreitbar einen großen Einfluß auf die Moraltheologie/Theologische Ethik der letzten Jahrzehnte. Ein Kennzeichen dafür: er war häufigster und unbestrittenster Vortragender auf Moraltheologiekongressen seit den sechziger Jahren.

Vor 1966 galt er als entschiedener Verfechter der Re-Theologisierung der Moraltheologie in Abhebung von der Neuscholastik, aber auch von der philosophischen Sittenlehre seines Lehrers Theodor Steinbüchel. Nicht nur in der Grundlegung griff er auf die klassische Dogmatik zurück; er teilte die spezielle Moraltheologie nach den Sakramenten ein. Er betrieb also eine heilsgeschichtliche Moraldogmatik mit hohem Interesse an Laienspiritualität. Die Vorarbeiten dazu hatte er in der Habilitationsschrift über das "Enchiridion" des Erasmus von Rotterdam angelegt. Den Höhepunkt bildet das Buch "Weltoffener Christ. Grundsätzliches und Geschichtliches zur Laienfrömmigkeit".[1] Als einen Nachklang kann man "Christsein im Beruf"[2] betrachten. Die Quellen dieser Schaffensepoche sind: der Humanismus, die französische "nouvelle théologie" (insbesondere Teilhard de Chardin, Yves Congar u.a.), die Tübinger Theologie zwischen den Weltkriegen, Thomas vom Aquin (Gedanke der Eigengesetzlichkeit), Friedrich von Hügel. In diesem Sinn hat Auer auch die Pastoralkonstitution des Konzils, das Kapitel über die Autonomie der irdischen Wirklichkeiten, interpretiert.[3]

Einen Einschnitt (keine völlige Diskontinuität) bildet die Mitarbeit in der päpstlichen Kommission für Bevölkerungsfragen, 1964 bis 1966, in welcher er sich mit der breiten Kommissionsmehrheit unter den Maximen des geschichtlichen Normenwandels, unter der Voraussetzung einer genauen Wirklichkeitsanalyse und unter der Rücksicht auf praktisch gelebte Überzeugungen für die Veränderung der Lehre über die Empfängnisregelung ausspricht: Paul VI. folgte bekanntlich diesem Votum nicht. Die Konsequenz aus der Veränderung der Lehre über die Ehezwecke (der Sinn der Ehe ist die Liebe, aus welcher die Fruchtbarkeit erst hervorgeht) wurde nicht gezogen. Auer bearbeitete seitdem auch Konzeptionen der Autonomen Moral (in der Biologie, in der Psychologie und in den Sozialwissenschaften). Wegen der Fragestellungen der angewandten Ethik, in welcher damals die Moral-

---

[1] Düsseldorf 1960; mehrere Aufl., übers. ins Spanische, Niederländische, Englische und Italienische.

[2] Düsseldorf 1966; übers. ins Spanische.

[3] Vgl. Auers Kommentar zu den entsprechenden Passagen in der offiziellen Herder-Ausgabe, LThK, Das II. Vatikanische Konzil, Bd. III, 1968, S. 377-397.

theologie in Deutschland noch ziemlich allein stand, war er an ethisch relevanten Ergebnissen und Theorien dieser Wissenschaften und ihres kritischen Potentials interessiert. Der Kontakt mit dem Werk von Erich Fromm ist seither geblieben. (Dessen Nachlaß wird vom Auer-Schüler Rainer Funk herausgegeben.)

Humanwissenschaftliche Integrierung

"Weltoffener Christ" war für eine Theologengeneration fast ein Kultbuch. Aber Ende der 60er Jahre wurde es schnell vergessen. Einerseits schluckte der Wandel auf dem Konzil diese Vorarbeiten; andererseits folgte wenig später die neue Richtung einer "Theologie der Welt" im Sinne einer "Politischen Theologie" (J.B. Metz). Aber 1968 war auch Auer schon auf einem anderen Wege: zu einem neuen Buch, das ebenso Zeichen setzen sollte: "Autonome Moral und christlicher Glaube".[4] Dieses Buch wirkte weniger auf die Spiritualität und das Weltverhältnis der Christen (wie "Weltoffener Christ"), dafür war es fachlich intensiver. Wie eifrig es diskutiert wurde, zeigt Auers eigene Nachbetrachtung zur Diskussion in der zweiten Auflage von 1984. Der späte Termin der zweiten Auflage - nach einem privaten Nachdruck - zeigt etwas von der Nachhaltigkeit der Wirkung, aber auch von ihrer strategischen Verzögerung angesichts der Glaubensängste um die katholische Sittenlehre, die es hervorrief. Das Buch hatte nicht nur das programmatische Stichwort gefunden, das mehrere führende Moraltheologen mutatis mutandis miteinander verband, es machte auch Schule. Allererst würde ich sagen: die Moraltheologie der letzten 20 Jahre ist in einen doppelten Dialog eingetreten, den Auer "humanwissenschaftliche Grundlegung" bzw. "anthropologische Integrierung" nannte. Der erste Dialog intensivierte die Realitätsnähe der Moraltheologie/Theologischen Ethik. Der zweite Dialog entfaltete sich zu einer neuen Debatte mit den philosophischen Begründungen des moralischen Sollens. Auer hat seinen eigenen Ansatz in einer "Umweltethik" 1984 konkret und umsichtig ausgeführt.[5] Nebenher

---

[4] Düsseldorf 1971, 3. Aufl. 1989; übers. ins Niederländische und ins Italienische.
[5] Düsseldorf 1984; italienische Übersetzung; zur Umweltethik vgl. meine Besprechung in: Orientierung 49 (1985) S. 17ff.

erschienen die Schriften zum "Ethos der Freizeit" und zu "Utopie, Technologie, Lebensqualität".

Auers Werk ist auch quantitativ beachtlich. Aber davon geht seine Wirkung nicht aus. Sie ist vielmehr mit Wortprägungen wie "Weltoffenheit", "kritische Zeitgenossenschaft", "Dialog und Integrierung" verknüpft und überzeugt durch eine große Solidität der Verarbeitung disparater Erkenntnisse und durch eine große Kraft der sprachlichen Durchgestaltung. Seine Anstrengungen werden dabei von einer Einheit zwischen Theorie und Praxis in der persönlichen Ausstrahlung getragen.

Die systematisch-theologische Leistung Auers kann man besser begreifen, wenn man einige sehr elaborierte, leider nur verstreut auffindbare Aufsätze heranzieht:

- "Kirche und Welt" (1962, vgl. Hirschi, Bibliogr. Nr. 26) - ein Aufsatz von fast 100 Seiten zum Dialogprinzip, aufgegriffen in Nr. 53 "Was heißt 'Dialog der Kirche mit der Welt'?" (1967), vorher in "Gestaltwandel des christlichen Weltverständnisses" (Nr. 37, Fs. Rahner, Bd. 1. 1964).

- "Die Erfahrung der Geschichtlichkeit und die Krise der Moral". (in: THQ 149 [1969] 4-22, ein programmatischer Aufsatz, der die Stellungnahmen zur Geburtenregelung vorbereitete). (Hirschi: Nr. 60)

- "Die Normative Kraft des Faktischen" (1972, Hirschi: Nr. 72), eine differenzierte Auseinandersetzung mit der Differenz von "Ist" und "Soll".

- "Interiorisierung der Transzendenz. Zum Problem von Identität oder Reziprozität von Heilsethos und Weltethos" (1972, Hirschi: Nr. 73). Hier setzt er sich mit dem Vorwurf der Spaltung der Sittlichkeit in Heilsethos und Weltethos auseinander und erarbeitet einen korrelativen Standort.

- "Das Vorverständnis des Sittlichen und seine Bedeutung für eine theologische Ethik" (1977, Hirschi: Nr. 116). Das in der "Autonomen Moral" weiterentwickelte Naturrechtsmodell der "Rationalität der Wirklichkeit" wirkt durch Herausbildung einer erfahrungsgestützten Präferenz, in welche auch die Tradition als Moment der Geschichtlichkeit eingeht. Insbesondere wird die hermeneutische Frage geklärt, wie der christliche Glaube in einer selbstkritischen Analyse mit in dieses Vorverständnis eingeht.

Was heißt "Autonome Moral"?

Auers "Autonome Moral" ist nicht mit dem Autonomie-Prinzip bei Kant gleichzusetzen, wenn sie auch sich entschlossen um Traditionen katholischer Kant-Rezeption bemüht. Die Moral ist vielmehr (anti-individualistisch) ein transsubjektives Phänomen, das aus falschen Vormundschaften befreit werden soll. Es geht (mit Ebeling) um die "Evidenz des Ethischen" als einem eigenständigen Aufgehen von Wahrheit im Modus der Richtigkeit. Auer liebt die Sprache des "Findens sittlicher Weisungen" gegenüber der Sprache der "Begründung sittlicher Urteile", weil er von einer Adäquanztheorie der Wahrheit ausgeht. Seine erkenntnisrealistische Position läßt den Anspruch der Wirklichkeit in der Rationalität zum Zuge kommen. Das ist eine philosophische Basis ohne nominalistische Wende. Aber es ist ein mit geschichtlicher Hermeneutik aufgeschlossener Thomas, der hier hervorlugt.

Moraltheologen wie Auer, Böckle u.a. haben sich mit allen Fragen der modernen Lebenswelt in konkreten ethischen Aussagen beschäftigt: mit Krieg und Frieden, mit polizeilicher Gewalt, mit Medizinethik und Medienethik, mit Wirtschaftsethik (Auer engagiert sich heute im Dialogprogramm "Kirche - Wirtschaft") und Technikethik, mit Sexualität, Ehe, Familie usw. Zumindest in Kontinentaleuropa ist die angewandte Ethik nicht ohne sie denkbar. Insofern haben sie auch den Weg der philosophischen Wende zur angewandten Ethik vorbereitet und mit ihrem Kampf gegen autoritäre "Glaubensethiken" offen-gehalten, einen Weg, der heute mehr und mehr beschritten wird. Ein philosophisches Argument darf, das ist die Regel, nicht mit einem

Glaubensargument überboten werden, sondern umgekehrt: das Glaubensargument sollte sich in seiner weltlichen Vermittlung aufschließen. Das Verhältnis von Glaube und Vernunft ist für Auer "Reziprozität", d.h. strukturelle Implikation des einen im anderen. Diese klare Auffassung ist von vielen Studiengenerationen als befreiend erfahren worden, und sie war auch schulbildend.

Dietmar Mieth, Tübingen

5. Anstelle eines Schlußwortes - Glückwunsch und Dank

5.1 Ein Glückwunsch von Prof. Dr. Dietmar Mieth

Lieber Alfons, liebe Gäste,

vor 13 Jahren waren wir anläßlich Deines Geburtstages und der Über-reichung einer Festschrift in Deinem Hause in Tübingen versammelt, und ich erinnere mich gut, daß von Deiner Unterschrift unter einer Erklärung, der Siebener-Erklärung im Fall Küng, äußerst kritisch seitens Deiner liebenswürdigen Schüler die Rede war. Heute, anläßlich einer anderen und weitaus bedeutsameren Ehre, steht eine andere Unterschrift im Hintergrund, von den damaligen Kritikern mit Beifall und von damals Beifall Spendenden mit Kritik bedacht, und so entsteht im Endeffekt eine ausgewogene Zweiseitigkeit, eine Dualität der Wahrheit oder eine schöne Schwebe, die Du, mit der Dir eigenen Verbindung von Ironie und Irenie, d.h. mit einem heiteren Blick auf die Eitelkeiten dieser Welt, genießen wirst.

Dein später Eintritt in die Welt der Philosophen, welcher durch den neuen Doktortitel ehrenhalber vollzogen wird, ist eine sublime Rache für die theologische Distanz zur Philosophie, die Du, mindestens in einer vorkritischen Periode Deines Schaffens, unter Steinbüchels Vorsokratiker-Seminaren seufzend, eingehalten hast. Hinter dieser Distanz, wie könnte es bei einer Neigung zum Zweiseitigen und Gegenwendigen auch anders sein, welche Dir alles Monistische von Mausbach bis Metz als Greuel erscheinen ließ, verbirgt sich freilich ein gerütteltes Maß an intellektueller Verehrung der Weisheit der Welt. Um ein Haar hättest Du einen Deiner anhänglichsten Schüler, nämlich mich, in diese philosophische Weltoffenheit verwiesen, in der der kirchliche Stallgeruch zwar abnimmt, jedoch eine Illusion von Geruchsfreiheit entsteht, der ich nie so recht über den Weg getraut habe. Wie auch immer, der Titel schmückt Dich zu Recht, weil Du das getan hast, was die Philosophen hätten tun müssen, nämlich nicht nur die Autonome Moral, sondern auch die "Moral der Autonomie" (Johannes Schwartländer) handgreiflich zu entfalten und in umsetzbaren Regeln, welche Du in Deiner dem Offenen zugeneigten Art "Weisungen" zu benennen beliebtest, an die handelnden Menschen heranzuführen, und dies, ohne immer gleich das Oberste, Höchste und Letzte mit seinem alles erschlagenden Gewicht erdrückend auf das normative Denken zu legen, eine Schonung der Moral sowohl wie der Glaubwürdigkeit des Glaubens. Das ist, denke ich, ein Dienst der Theologie an der Philosophie, der ihr selbst zugute kommt. Daß Du dabei auch den Dienst der Philosophie, von Thomas von Aquin bis Michael Landmann, in Anspruch genommen hast, versteht sich von selbst. Das von letzterem übernommene Wort "die optima sind inkompossibel", würde ich gern ergänzen: "und sie haben mindestens zwei Seiten".

Damit bist Du nun, auch in den Titeln, ein Ausdruck des Doppelten oder, wie Thomas Mann sagt, ein "Standbild mit dem Namen Zugleich" geworden, getreu der Formel "werde, der du bist", weil Du ja schon immer die Mitte als Balance verstanden hast. Wenn ich Dich als ironischen Ireniker und irenischen Ironiker bezeichne, dann habe ich nicht nur Deine Fähigkeiten im Auge, auf die liebenswürdigste Weise Bosheiten auszuteilen und zu ertragen oder umgekehrt, die Wahrheit in der schonenden Liebe zu entbergen, sondern ich denke dabei auch an Deinen Optimismus, Deine Heiterkeit und Deinen Humor. Selbstverständlich kann ich auch verstehen, daß man im Dunstkreis des Klerikalen einer romantischen Ironie bedarf, welche die ironische Distanz als Mittel benutzt, die Nähe auszuhalten oder, so paradox es scheinen mag, Nähe und Distanz zugleich zu lieben. Wenn Aristoteles die Selbstironie als moralisch suspekte Selbstverkleinerung charakterisiert hat (Nic-Eth.1108 a/1127 a-b), so hat er mit der Unmündigkeit der Adressaten gerechnet. Zur gelungenen Ironie gehört beiderseits die Beherrschung des Sprachspiels.

Deine alphabetische, physische, zentripetale, kirchliche und akademische Größe gestattet Dir ein zitathaftes Leben in der Nachfolge jener Menschen, die für sich souverän ein Leben über den Niederungen eingerichtet haben, und so ist es in der Tat leichter, sich den hessischen Goethe als den schwäbischen Schiller als Deinen Ahn vorzustellen, aber der war ja auch kein Oberländer, sondern einer von diesen schnellen pathetischen Unterländern. Vom Oberland hast Du ein chtonisch-phlegmatisches Naturell mit hinunter genommen und mit solcher Sorgfalt kultiviert, daß Du ein prallvoll betriebsames Leben mit großer geistig-geistlicher Fruchtbarkeit, wenn auch, wie es bei Markus heißt, unter Verfolgungen, aushalten kannst. Als Mittelpunkt und ruhender Pol einiger eifrig verehrender Kreise, welche Du wie die Schleppe eines gewichtigen Gewandes in Deiner Biographie seufzend, aber geduldig, hinter Dir herziehst, wirst Du die sich häufenden Jubiläen ertragen müssen, und das Füllhorn der Ehrungen ist, so meine ich, noch nicht restlos nach Verdienst über Dich ausgeschüttet. Ich darf nach dieser kurzen Ehrenrede im Namen aller, die sich in Deinem Glanze sonnen oder Dich zumindest in demselben bewundern, Dir einen herzlichen Glückwunsch aussprechen und mit Dir anstoßen, um mit dem Klang der Gläser die festlich-feierliche Stimmung zu genießen und zugleich dafür zu danken, daß Du uns daran teilnehmen läßt.

5.2 Prof. Dr. Alfons Auer: Dank an die Freunde

Verehrte liebe Damen und Herren!

Der Fachbereich Katholische Theologie und die Gemeinsame Philosophische Promotionskommission der Johann Wolfgang Goethe-Universität Frankfurt haben mir die Akademische Würde eines Dr. phil. h.c. zuerkannt. Ich hatte bei ihrer festlichen Verleihung in der Aula der Universität am 21-04-1993 Gelegenheit, mich für diese hohe Auszeichnung beim Professorenkollegium des Frankfurter Fachbereichs, besonders bei seinem Dekan, Herrn Kollegen Schrödter, und dem von ihm bestellten Laudator, meinem lieben Fachkollegen Johannes Hoffmann, herzlich zu bedanken. Den in Frankfurt nicht hinlänglich ausgedrückten Dank an zwei Tübinger Kollegen möchte ich vor der beachtlichen Öffentlichkeit der Adressaten dieses Briefes noch einmal hervorheben; beide haben dem Tag in Frankfurt Glanzlichter aufgesetzt: bei der Akademischen Feier der derzeitige Dekan Professor Gerfried Hunold, beim Festlichen Abendessen im Palmengartenrestaurant Professor Dietmar Mieth.

Ausdrücklich - wenn auch nicht so persönlich, wie ich es gerne täte - will ich mich auch bei Ihnen allen bedanken, die Sie durch persönliche Teilnahme, durch schriftliche Glückwünsche oder durch Geschenke Ihre Verbundenheit mit mir zum Ausdruck gebracht haben. In Ihnen waren an diesem Tag alle Phasen meiner Lebensgeschichte gegenwärtig. Ich wiederhole, was ich Ihnen allen in Frankfurt zugesprochen habe, liebe Freundinnen und Freunde, auch den dort nicht Anwesenden: "Es bewegt mich sehr zu erfahren, von wieviel frei entgegengebrachter Solidarität mein Leben getragen ist. " -

Aber dieser Brief darf so nicht enden. Wenigstens Ihnen gegenüber als den mir besonders Nahestehenden muß ich zum Ausdruck bringen, daß ich manche da und dort hörbaren bzw. lesbaren Überschwenglichkeiten nur mit großer Mühe unwidersprochen hinnehmen kann. Ich kann meinen Widerspruch auch hier nur in globo und will ihn zudem nur in verdeckter Form aussprechen.

Zunächst aber will ich Sie warnen. Da ich nun einmal bin, wie ich bin, sollten Sie, wenn Sie zufällig heute schon hinreichend verärgert sind oder Ihnen einfach die Zeit zuschade ist, sich von aufdringlicher Emeritenlust zum Zeitvertreib vereinnahmen zu lassen, vielleicht nicht weiterlesen, weil im Folgenden der Schreiber zwar derselbe ist, aber das literarische Genus sich verändert. Wenn - wie zur Schreibezeit dieses Briefes - ein gemütlicher Sonntagabend den Raum dafür öffnet, setze ich mir oft - vermutlich weniger anderen als mir selbst zum Spaß - meine kleine Narrenkappe auf.

Wer so geehrt wird wie ich in Frankfurt, denkt natürlich auch an Freunde und Kollegen, die sicher intelligenter und (noch) emsiger sind als er und die doch nicht geehrt werden. Intelligenz und Emsigkeit reichen eben nicht. Man muß auch das Glück haben, "ins Spiel gebracht zu werden". In Fällen wie dem meinen kann man das Glück mit den Namen derer benennen, die es ins Haus gebracht haben. Aber überzeugend einsichtig erklärt ist es dann immer noch nicht. Unergründlicher, aber christlich sozialisierter schwäbischer Tiefsinn versucht sich in solchen Situationen zu helfen, indem er die ohne eigenes Dazutun oder gar Verschulden heraufgeführte "Gerechtigkeitslücke" dem biblisch ausgewiesenen Unheilszustand der Welt zurechnet und, um sich auch die Seligpreisung der "Trauernden" nicht entgehen zu lassen, bewußt und freiwillig daran leidet - auch wenn das Leiden zumeist nur solange andauert, bis es wehzutun anfängt.

Da auch mein "Leiden" zwar nie in Schadenfreude umschlägt, aber doch durch schwäbische Berechnung allzusehr moderiert ist, zitiere ich zur eigenen Verdemütigung ein Wort, auf das ich bei meinen wenig effektiven Studien über menschliches Altern gestoßen bin - Jean Améry legt es einem jungen Physiker in den Mund: "Die älteren Männer und Frauen in unserem Fach erfreuen sich der offiziellen Ehren und der verdienten Ruhmeswürde, die Entdeckungen machen wir, die Leute zwischen fünfundzwanzig und fünfunddreißig. Hinter den silbernen Wirtschaftskapitänen mit der unverwüstlichen Arbeitskraft, von der die gute Presse erzählt, stehen als Souffleure die brillanten jungen Männer, auf die es ankommt und deren schärferer Intelligenz die Alten sich in mehr oder minder guter Haltung beugen. Mehr als für die Jedermanns gilt für die scheinbar Mächtigen der Richtspruch der Gesellschaft, der sie verurteilt, zu bleiben, was sie waren. Der nominelle Vorsitzende eines Industrieunternehmens, der die praktische Verfügungsgewalt längst abgegeben hat an eine Gruppe junger Mitarbeiter, der berühmte Professor, der intellektuell schon überholt ist von seinem dreißigjährigen Assistenten und nur noch Auszeichnungen und Ehrendoktorate kollektioniert, sie spielen genau so ihre vorgeschriebene Rolle wie irgendein in großen nationalen Fragen ein starres, aber voraushörbares und darum manipulierbares Machtwort sprechender Magnifizenz-Greis: dieser und jene sind Gefangene ihrer Vergangenheit." - No comment!

Mein feierlich anhebender Dank hat - nicht unbemerkt, aber ungeplant - in besinnliche Unterhaltung umgeschlagen. Es würde mich freuen, wenn es in Ihrem Vermögen stünde, dies nicht der vom hl. Thomas von Aquin gerügten loquacitas senilis zuzurechnen. Aber Sie dürfen sicher sein: Ich könnte auch damit leben.

Mit herzlichen Grüßen

Ihr Dr. phil. h.c.

Verlag für Interkulturelle Kommunikation

Postfach 90 09 65, D-60449 Frankfurt, Telefon (069) 78 48 08

"Theologisch-Ethische Werkstatt: Kontext Frankfurt"

Band 1
Matthias Lutz/Autorenkollektiv
Arm in einer reichen Stadt
Zur Armutssituation in Frankfurt
1992, 82 S., DM 19.80, ISBN 3-88939-190-7

Band 2
Konrad Ott/Hans Dieter Mutschler
Vernunft in der Weltraumfahrt?
Der deutsche Raumgleiter "Sänger"
1992, 148 S., DM 26.80, ISBN 3-88939-191-5

"Ethik - Gesellschaft - Wirtschaft"

Band 1
Johannes Hoffmann (Hrsg.)
Ethische Vernunft und technische Rationalität
Interdisziplinäre Studien
1993, 294 S., DM 39.80, ISBN 3-88939-245-8

Band 2
Johannes Hoffmann
Wirtschaftsethik aus der Perspektive der Armen und der Schöpfung
1993, ca. 250 S., ca. DM 36.80,
ISBN 3-88939-246-6

Theologie Interkulturell e.V.
Symposium:
Das eine Menschenrecht für alle
und die verschiedenen Lebensformen

Band 1
Johannes Hoffmann (Hrsg.)
Begründung von Menschenrechten aus der Sicht unterschiedlicher Kulturen
1991, 306 S., DM 39.80, ISBN 3-88939-046-3

Band 2
Johannes Hoffmann (Hrsg.)
Universale Menschenrechte im Widerspruch der Kulturen
1993, ca. 300 S., ca. DM 39.80,
ISBN 3-88939-057-9

Band 3
Johannes Hoffmann (Hrsg.)
Die Vernunft in den Kulturen-
Das Menschenrecht auf kultureigene Entwicklung
1993, ca. 300 S., ca. DM 39.80,
ISBN 3-88939-059-5